Tu es une merveille

Un voyage à travers les émotions, de la colère au bonheur, sept histoires merveilleuses pour aider les enfants à surmonter leurs peurs, à être libres et eux-mêmes.

D1730397

MARTINA GROEN

Je dédie ce livre à toi papa, qui m'a appris à toujours voir l'arc-en-ciel *après un jour de pluie...*

SOMMAIRE

5

Introduction

De quelle couleur sont les émotions ?

C'est la question que je me suis posée en écrivant ce livre et j'ai donné ma propre interprétation personnelle : les émotions sont les couleurs qui traversent le faisceau de lumière de l'arc-en-ciel.

Pour moi, **le bonheur** est jaune, comme un champ de tournesols, comme le soleil qui entre par les fenêtres et qui s'illumine en plein jour, comme un canard dans un petit étang. Je le sens et il est fort, piquant comme une épice. Le bonheur est écrasant comme une vague et n'a pas de barrières, il est libre et coule comme une source en pleine nature. Impossible de l'arrêter, c'est merveilleux de le traverser.

Si je pense à la colère, je l'imagine comme une couleur rouge vif, flamboyante, chaude, enveloppante, qui s'illumine comme un feu allumé par une nuit sombre. La colère est le son du battement de cœur, du tambour, du tonnerre avant la pluie. Il ne faut pas l'alimenter mais l'apaiser, pour la faire glisser comme une vague qui se brise sur les rochers.

Le dégoût est aussi vert qu'un ver de terre un peu collant. Comme les raisins de la pergola qui ne sont pas encore mûrs, comme une grimace sur le visage. Il a le son d'un piano oublié, le carillon d'une horloge à pendule au milieu de la nuit, le son du moustique près de l'oreille. Le dégoût crée un fossé, une barrière, et pour cette raison, il est nécessaire de comprendre son origine pour trouver le remède.

Le mépris, pour moi, est violet. Je l'imagine comme une femme hautaine et vaniteuse, qui n'aime pas s'entourer d'affection mais qui se suffit à elle-même. Le mépris a le son d'un bâton frappant un sol dur, c'est l'épine du hérisson qui pique le doigt. Le mépris est une émotion qui isole, éloigne et offense. Il ne devrait pas être nourri. Écouter, découvrir, connaître les choses et les gens en profondeur sont les seuls moyens de reprendre ce fil de laine qui s'est échappé. Cela nous permettra de raccourcir les distances et de les rapprocher.

La peur ne dure généralement pas longtemps. Elle disparaît lorsque nous retrouvons courage et force, lorsque nous nous laissons guider par la raison et la détermination. Elle est de couleur indigo, peut-être le sentiment le plus sensible de tous et celui que nous ne voudrions jamais manifester. La peur, en revanche, a un rôle très important : elle stimule notre ténacité, notre côté combattant. Essayons de l'écouter, de la gagner, nous nous sentirons meilleurs et changés.

Vous êtes-vous déjà senti triste et mélancolique ? Pour moi oui, et pour moi, ça prend la couleur bleue. C'est précisément la mer avec son clapotis qui rappelle parfois la tristesse. Un sentiment si intime et profond que parfois il nous fait nous sentir seuls, incompris, mal aimés. Mais la tristesse est aussi un sentiment important qui nous permet de toucher notre cœur. Découvrir la profondeur de notre être et comprendre de qui ou de quoi nous éloigner pour retrouver notre chemin.

Cela nous fait écarquiller les yeux, ouvrir grand la bouche et être émerveillés : c'est la surprise. Une émotion qui arrive très vite, comme lorsqu'un arc tire sa flèche. Cela nous laisse sans voix. Si je pense à la surprise, je l'imagine orange. Elle est vive, pétillante comme des bulles, fraiche et pure comme l'air printanier. La surprise doit être vécue, respirée, sentie, mangée, car c'est un moment de vrai plaisir.

L'arc-en-ciel des émotions est un voyage à la découverte de notre « soi » intérieur, sept histoires qui nous racontent comment les protagonistes vivent leurs émotions et ce qu'ils laissent dans leur cœur.

J'espère que ce livre pourra aussi laisser une marque dans votre cœur, et qu'en le lisant vous pourrez comprendre à quel point il est important de vivre pleinement ces sept émotions.

Se connaître, s'écouter et s'aimer les uns les autres sont de merveilleux exercices pour grandir, mûrir et vivre pleinement sa vie.

Les images de ces histoires, délibérément choisies sur pixabay.com en noir et blanc, laissent place à votre imagination. Choisissez vos couleurs et essayez de colorier chaque dessin en fonction de ce que vous avez ressenti en lisant chacune de ces histoires. Ce sera un exercice parfait pour transformer CE livre en VOTRE livre.

C'est précisément mon souhait.

Eh bien, tournez maintenant la page et laissez cette lumière de l'arc-en-ciel remplie d'émotions traverser votre esprit !

Bonne lecture !

La queue moelleuse, tordue comme une boule, roulait lentement autour de sa tête cachée sous la couette.

Le chat Lulù était son réveil, et chaque matin, elle était la première à la câliner. Ils se connaissaient depuis plusieurs années maintenant. C'était son cadeau d'anniversaire, le huitième, en fait. Sa mère, ce jour-là, le cacha dans une grande boîte fermée par un très long ruban de velours rouge.

Vivienne, quand elle l'a pris, a immédiatement vu deux oreilles velues surgir, et elle a entendu un miaulement si doux qu'il l'a conquise immédiatement, au point de lui confier ses plus petits et plus grands secrets. Elle était convaincue que son chat était si perspicace qu'elle pouvait toujours lui prodiguer de bons conseils.

La petite fille était la seule à comprendre son chat. Lorsque la queue était tordue, cela signifiait qu'il n'était pas d'accord, tandis que lorsqu'il la déplaçait sinueusement, il était sans aucun doute favorable.

Le temps passa et Vivienne avait déjà dix ans, elle était curieuse de tout ce qui l'entourait. Elle vivait dans une petite ville entourée de montagnes, c'était un très beau village, un délicieux have de paix ! Rien ne manquait et la grande ville n'était qu'à quelques kilomètres de là. Vivienne avait beaucoup d'amis de son âge, mais par rapport aux autres, elle avait une passion si forte qui l'éloignait parfois d'eux : le patinage artistique.

Quand elle était plus jeune, elle a vu deux patins à glace au bord d'une fenêtre, elle s'est arrêtée pour les observer et a été fascinée : ils étaient blancs comme neige, avec des lacets bien noués et la lame était si brillante qu'elle reflétait une lumière éblouissante.

« Oh, comme ils sont beaux ! Ce sont sûrement les patins d'un champion, combien j'aimerais les porter ! » pensait Vivienne, rêveuse.

Dans le village, près d'un étang, il y avait une grande patinoire entourée de sapins verts. Beaucoup d'enfants s'y sont rendus pour commencer à faire leurs premiers pas avec des patins. Vivienne, plusieurs années plus tôt, a également fait son baptême de patin à glace.

Le premier jour a été un véritable désastre. Alors que tous les enfants se précipitaient élégamment sur les patins comme s'ils les avaient à la place de leurs pieds, elle ne pouvait même pas rester en équilibre. Au bout d'un moment, elle s'est retrouvée lamentablement sur le sol avec un visage rouge de honte, un pantalon déchiré et des cheveux qui ressemblaient à des glaçons. Mais au lieu de raccrocher ses patins ce jour-là, elle s'est promis qu'elle gagnerait le défi et qu'elle parviendrait ensuite à glisser de haut en bas de la piste : libre, confiante et parfaite, comme une vraie professionnelle.

Après cet automne, Vivienne a voulu approfondir la technique des patins à glace. Alors, sans craquer, elle est retournée sur la piste encore et encore, non pas pour patiner mais seulement pour observer. Elle a profité des longues vacances de Noël pour passer des heures et des heures à se reposer sur une marche de marbre, près du bord de la piste, avec des patins aux pieds, un manteau rose et une écharpe blanche qui s'enroulait autour de son cou. Impossible de ne pas la remarquer. Sur cette piste, beaucoup de très bons garçons se sont entraînés. Parmi eux, il y avait aussi de vrais professionnels, qui effectuaient gracieusement des figures dans les airs comme des anges.

Vivienne était concentrée sur ses observations : elle avait un petit carnet sur lequel elle notait toutes les étapes des différents exercices qu'elle voyait se faire. Elle n'était pas distraite pour quelque raison que ce soit dans le monde, ses yeux étaient orientés vers la piste et sur les patineurs. Elle était devenue vraiment expérimentée, et à la perfection de ce qu'elle observait, elle dessinait les exercices, les positions, les voûtes, les départs et les atterrissages.

Un matin, alors qu'elle croquait nerveusement dans une pomme assise sur sa marche habituelle, elle a soigneusement suivi tous les mouvements sur la glace. Un coup d'œil sur la piste et un sur son carnet. Alors qu'elle dessinait avec précision, elle a vu une dame d'âge moyen, de l'autre côté de la piste, la regarder avec amusement.

Vivienne leva les yeux et croisa celui de la dame, mais baissa immédiatement timidement la tête et pensa : « Qui sait qui est cette dame, son visage est nouveau pour moi ! »

Sa curiosité l'a poussée à aller vers elle et à se présenter. Elle enroula son foulard blanc autour de son cou, boutonna son manteau rose et partit.

« Bonjour Madame, je m'appelle Vivienne, êtes-vous nouvelle ici dans le village ? Je ne me souviens pas vous avoir déjà vue et vous me semblez venir d'autres horizons, vous êtes peut-être une touriste ?! » demanda la petite fille, curieuse.

La dame élégante glissa sa main sur sa coiffure parfaite et sourit à la présentation de l'enfant. Avec un air amusé, elle a répondu :

« Tu es une petite fille très attentive aux détails, j'aime ta curiosité, je me présente aussi, je m'appelle Ioanna et je suis russe. J'ai décidé de rester ici pendant un moment et je dois admettre que tu vis dans un endroit magique, il semble être sorti tout droit d'un livre de contes ! »

« Waouh ! » dit-elle. « Vraiment ? Eh bien, si vous y réfléchissez, cela ne me surprend pas, j'ai toujours été convaincue de respirer la poussière magique dans ce pays », répondit gentiment Vivienne.

La petite fille et la dame qui venaient de l'Est éclatèrent de rire. Ioanna était une très belle femme, avec un teint clair et des cheveux argentés attachés à l'aide d'un chignon si parfait que pas un seul cheveu ne s'en échappe. Elle était très grande, vêtue d'un manteau et d'un chapeau de velours blanc. Pour bien la voir, elle n'est pas passée inaperçue. Vivienne a immédiatement eu un bon présentiment avec Mme Ioanna, un air d'harmonie agréable. Alors, plus curieuse qu'un singe, elle a continué avec les questions : « Mme Ioanna, comment se fait-il que vous soyez venue dans mon pays ? Pour passer des vacances peut-être ? »

« Chère Vivienne, j'ai parcouru tous ces kilomètres parce que j'aime l'Italie et j'aime vos montagnes, je suis entraîneuse de patinage artistique et je suis venue ici pour découvrir de nouveaux talents. J'ai remarqué que tu es vraiment douée pour dessiner les entraînements sur la glace, tu serais certainement très bonne en patinage », a commenté l'élégante dame.

Vivienne, à ces mots, sentit un petit clic au fond de son cœur. Elle n'avait pas encore eu le courage d'affronter le grand géant, c'est comme ça que la piste s'appelait. Techniquement, en observant, elle avait beaucoup appris, mais dans la pratique, c'était un désastre. Alors elle a regardé Mme Ioanna, les yeux remplis de larmes, et elle lui a dit : « Ioanna, je n'ai jamais patiné mais mon cœur éclate de joie quand je suis assise près de cette piste, les sapins verts, l'odeur de la glace, le bruit des patins qui sifflent sur la piste me font me sentir bien. Mais j'ai encore un peu peur et je ne peux pas apprendre à patiner toute seule », a commenté la petite fille.

À ces mots, Mme Ioanna s'est approchée de l'enfant et lui a dit : « Vivienne, quand j'étais enfant, je vivais aussi dans un petit village de montagne. Tous mes amis savaient patiner, mais je ne pouvais même pas porter de patins. Cependant, le désir d'en faire à tout prix m'a fait surmonter toutes mes peurs. J'étais championne et j'ai soulevé beaucoup de coupes, puis un jour une mauvaise chute a gâché tous mes rêves. Mais je suis têtue, je suis allée de l'avant et aujourd'hui je suis entraîneuse. Je t'ai bien regardée, et si mon nez ne se trompe pas, tu as ce qu'il faut pour gagner ».

Vivienne sauta autour du cou de l'élégante dame et l'enveloppa dans une tendre étreinte. Ses yeux brillaient à nouveau, plus brillants qu'avant.

« Ioanna, je suis prête, même très prête. Par où commencer ? » dit la petite fille, euphorique.

« On part toujours d'un but : de la course ! » répondit la dame qui venait de loin.

« La course ? Oh, peut-être que je n'ai pas bien compris », dit-elle. « La course ? » répondit la petite fille, inquiète.

« Vivienne, je vais rester ici très longtemps, le temps qu'il faut pour se préparer et te laisser participer à une compétition de patinage qui se tiendra dans la ville, dans huit mois. Nous devons être une équipe pour gagner, nous devrons travailler dur, mais je sais que tu y arriveras. Nous devons vaincre la peur et affronter le grand géant », a assuré Ioanna.

La rencontre avec la dame de l'Orient, pour Vivienne, fut un moment pour le moins magique. Euphorique et pétillante, la petite fille l'accueillit avec la promesse de s'y retrouver le lendemain matin.

La jeune Vivienne a parcouru le chemin du retour, plus légère que jamais, elle se sentait prête à vivre son rêve, Mme Ioanna lui a fait ressentir une grande émotion parce qu'elle se sentait enfin comprise et estimée. En peu de temps, elle avait réussi à découvrir son talent et à transmettre la sérénité et la sécurité.

Ce soir-là, Vivienne a été saisie par un tourbillon d'émotions. Elle a pris ses patins, les a serrés contre sa poitrine et s'est endormie comme ça, excitée et heureuse.

Le réveil sonnait tôt, et malgré le fait que les vacances de Noël n'avaient commencé qu'il y a quelques jours, Vivienne a rejoint la piste tôt le matin. Son cœur battait follement, mais quand elle a vu madame Ioanna, elle s'est immédiatement sentie à l'aise et sans aucune crainte.

« Bonjour ma chérie, aujourd'hui nous commençons un beau voyage, nous entrons dans le monde fantastique du patinage. Il y a très peu de règles à respecter, l'une d'entre elles est la discipline, crois-moi et nous verrons bientôt les résultats », a déclaré madame Ioanna de manière encourageante.

La petite fille et la dame qui venait de loin sont devenues une équipe très forte. L'un était la force de l'autre. Jamais un jugement, juste de bons conseils. Vivienne a travaillé dur, sans hésitation, et jour après jour, les séances d'entraînement sont devenues plus intenses.

Combien de chutes, combien d'erreurs, mais elle ne baissa jamais les bras. Chaque jour, l'enfant voyait une petite amélioration et sentait en elle une force si grande qu'elle surmontait tout. La dame de l'Est, pour sa part, avait pris à cœur le rêve de Vivienne et en était très fière, car derrière ses chutes, ses accrocs, il y avait un vrai talent et il suffisait de le dévoiler.

Et donc les jours, les semaines et les mois passaient, Vivienne était une soldate. Elle se levait tôt le matin et après le début de l'entraînement scolaire, elle rentrait à la maison avec ses jambes qui ne pouvaient pas la retenir. Mais avec un cœur gonflé de joie.

Le grand géant avait été vaincu, enfin elle se sentait en sécurité, prête et libre. Madame Ioanna avait réussi à lui transférer toutes les qualités pour faire face à la course.

Le grand jour est arrivé. Vivienne a pris son sac, a mordu une pomme et s'est dirigée vers la gare, le train l'emmènerait à la ville où la course aurait lieu. Sur la plateforme, qui l'attendait ? Elle, madame Ioanna, avec un sourire aussi éclatant que contagieux.

« Es-tu prête chérie ? Je voulais juste te dire deux petits mots avant de monter dans le train. Au cours de ces mois, tu as été une force de la nature, tu t'es battue contre le grand géant comme une lionne et tous tes efforts ne seront jamais vains. Peu importe la course, saches que je suis fière de toi, pour moi tu as déjà gagné.

Essaye de vivre cette course non pas comme une compétition mais comme une exposition. Patiner, c'est de l'art, et sur la glace, on danse, sur la glace, on court vite, sur la glace, on chasse les soucoupes volantes, sur la glace on... Bref. Sors ta poudre magique et souris, amuse-toi ! »

Vivienne a été émue par ces mots, a essuyé ses larmes et est montée dans le train avec Ioanna.

En regardant par la fenêtre, en voyant le paysage, Vivienne a retracé tous ces longs mois d'entraînement et a senti qu'elle avait tout donné. Elle n'avait rien à se reprocher.

Et voici la piste, immense, parfaite, sans aucune égratignure. Elle s'assit sur une marche et attendit impatiemment son tour. Il y avait tellement de monde, y compris des participants, des entraîneurs, des examinateurs et le public. Elle était la dernière sur la liste à se produire, mais avec les nerfs, elle a attendu son tour.

Elle observait ses challengers, était très concentrée et répétait dans sa tête toutes les étapes de sa chorégraphie.

Elle était lucide, sereine et prête.

Et voici enfin son tour.

Alors qu'elle se préparait à se produire, madame Ioanna s'est approchée d'elle et lui a tendu un paquet.

La petite fille a été surprise, mais l'a curieusement ouvert. Et voici sortis de la boîte deux patins blancs, avec les lacets serrés et la lame si brillante qu'elle semblait aveuglante. L'entraîneuse a souri et lui a dit : « Ce sont mes patins, ils m'ont accompagnée sur mes dernières représentations, ils m'ont porté chance. Maintenant ils sont à toi, va t'amuser ».

Vivienne les a mis avec enthousiasme. Ils lui allaient parfaitement et ressemblaient à ceux qu'elle avait vus à la fenêtre plusieurs années auparavant. Maintenant, elle se sentait comme une championne.

La musique a commencé, madame Ioanna lui a fait un clin d'œil et Vivienne est partie. Excitée mais heureuse. Elle était aussi légère qu'un papillon, elle dansait, sifflait, entre les voûtes, les nœuds et les figures très compliquées.

Elle sentit son rythme cardiaque ainsi qu'une poudre magique toucher sa tête. Il n'y avait qu'elle et la piste. Le dernier tour était le plus redouté. Vivienne l'a complété avec une grâce qui a enchanté tout le monde.

Les applaudissements ont immédiatement commencé et le public s'est levé en signe de reconnaissance. Vivienne tomba au sol, épuisée, croisa le regard de madame Ioanna et la vit rayonnante. Elle n'a pas cessé de l'applaudir.

En repensant à son baptême sur la glace, elle savait qu'elle l'avait fait. Elle avait vaincu ses peurs, poursuivi son rêve et l'avait transformé en réalité. Et c'est ainsi qu'après quelques minutes, lors de la cérémonie de remise des prix, elle a été proclamée gagnante. Elle leva la coupe avec ses mains tremblantes de **bonheur** : elle avait gagné !

Ioanna s'est approchée de l'enfant, a essuyé ses larmes et lui a dit : « Tu as été très bonne, tu as un vrai talent Vivienne, le rêve ne s'arrête pas là, il continue et continuera jusqu'à ce que tu le décides, prends ton talent en main et continue à le rendre beau ».

Vivienne serra fermement son entraîneuse dans ses bras, regarda la piste et respira cet air magique. Dans son cœur, à partir de ce moment, ne vivait qu'un bonheur infini.

Le bonheur est le sentiment le plus élevé de nos émotions.

Il est recherché, désiré, poursuivi par tous. Nous sommes convaincus qu'il n'est pas pour tout le monde, qu'il est caché et qu'il est impossible de le trouver.

Mais ce n'est pas le cas.

Le bonheur se trouve dans toutes les plus petites choses que nous voyons et expérimentons. C'est un moment. C'est un câlin. C'est un rire. C'est un ciel bleu après un orage. C'est l'odeur d'un gâteau fraîchement cuit. C'est une balade à vélo avec un ami. C'est un ciel étoilé. C'est la neige qui tombe le jour de Noël. C'est un arc-en-ciel. Le bonheur est en nous, il habite dans notre cœur et nous accompagne chaque jour. Il n'y a pas besoin de le chercher, il suffit de l'écouter et de le vivre.

Alors, essayons de vivre nos émotions avec légèreté, sérénité et authenticité.

Ce n'est qu'ainsi que nous découvrirons que la beauté brille

en tout.

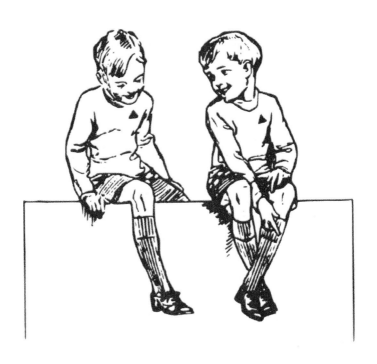

Il ouvrit grand la fenêtre de la pièce. Bully sentit entrer le vent

qui commençait à feuilleter les pages de son journal reposant sur

la table de chevet.

Il respirait profondément cet air pétillant qui avait le goût d'un flocon de neige. Il s'étendit, déploya les bras et poussa un soupir de mélancolie.

Il ferma la fenêtre, et toujours tout étourdi par le sommeil, il regarda sa nouvelle chambre dans sa nouvelle maison. Chaque objet, chaque petit détail de la pièce, le ramenait dans son petit village embrassé par la mer et choyé par le soleil. Il ferma immédiatement les yeux pour ne perdre aucun souvenir de sa maison, de sa terre. Il décida que, dans sa tête et dans son cœur, resteraient toutes les plus belles choses qu'il avait vécues dans ce petit village isolé à deux pas de la mer.

Giulio était un garçon de sept ans, de petite taille, aux cheveux couleur corbeau et à la peau olive. Ses yeux étaient noirs, si grands qu'à les regarder, vous pouviez vous perdre à l'intérieur. C'était un enfant ordinaire et plutôt simple.

La vie dans un petit village, vous savez, coule toujours tranquillement, jamais une vague anormale à l'horizon. Tout le monde connaît tout le monde. Vous avez toujours l'impression de vivre dans une bulle, où l'inattendu ne peut jamais arriver.

Giulio vivait juste là, dans ce village près de la mer. Si petit, mais si petit, qu'il n'était représenté sur aucune carte. Il aimait vraiment cette particularité, il avait l'impression de vivre dans un pays qui n'existe pas et, de là, il ressentait quelque chose de fascinant et de mystérieux.

Sa vie sonnait dans le village comme le son des trois cloches de l'ancienne église : le matin l'école, l'après-midi en jouant sur la place avec ses amis et le soir avec sa famille.

Avant d'aller se coucher, Giulio s'est assis à son bureau et a écrit des histoires : magiques, fantastiques, légendaires. Et ainsi, avec un stylo et du papier, il a pu traverser la mer, les frontières, parcourir des kilomètres et des kilomètres d'encre bleue.

C'était le premier jour de l'automne, quand le téléphone a sonné dans la cuisine. La mère de Giulio était occupée avec un nuage de crème fouettée, alors il a répondu au téléphone : « Maison Binetti ? »

« Que voulez-vous ? » répondit joyeusement Giulio.

« Je suis le directeur de l'agence de la Banque du village près de la vôtre, pouvez-vous me passer gentiment monsieur Antonio ? » dit l'interlocuteur, d'une voix péremptoire.

Giulio eut un moment d'hésitation, il sentit que cet appel téléphonique n'apporterait pas de bon vent, mais rempli de curiosité, il demanda : « Je suis Giulio, son fils, que dois-je dire à mon père ? »

« Oh cher Giulio, c'est toi, je suis tellement heureux de t'entendre et encore plus de te donner la bonne nouvelle », a poursuivi l'interlocuteur.

Giulio s'est raidi, a commencé à transpirer sous les effets de l'agitation. Il était un enfant sensible, même les bonnes nouvelles doivent être annoncées avec tact pour être les bienvenues.

Il serra le téléphone encore plus fort et écouta.

« Tu dois être très fier de ton père, il a passé plusieurs tests et il a été choisi, il sera le nouveau directeur d'une banque à Milan ».

« Milan ? Que dites-vous s'il vous plaît ? Milan ? Oh excusez-moi, je n'ai pas bien entendu, pouvez-vous répéter s'il vous plaît ? Vous avez dit Milan ? »

Et donc, de l'agitation, il a laissé tomber le téléphone sur le sol. Puis il l'a ramassé, s'est assis sur la chaise, essayant de démêler le fil du combiné qui était emmêlé sur son bras, a attrapé l'appareil et a écouté.

« Oui cher Giulio, tu as bien compris, vous vous déplacerez dans la ville dans très peu de temps, à des kilomètres et des kilomètres d'ici », a repris le directeur.

Giulio a levé le téléphone et a pris deux longues et profondes respirations, son cœur sonnait comme un tambour. Tout tremblait. Il est allé à la cuisine, maman venait de finir d'étaler la crème sur le gâteau à l'orange et aux amandes, le préféré de papa.

Il a regardé le gâteau, c'était parfait. Il regarda sa mère qui lui sourit.

Il avait tout compris. Et la colère monta.

Il s'est immédiatement senti trahi, immédiatement exclu, inévitablement seul. Le gâteau avait été fait pour célébrer la promotion de son père. Tout le monde le savait, sauf lui.

Giulio jeta en l'air le fouet que sa mère avait utilisé pour fouetter la crème et celui-ci se dressait sur le gâteau comme une épée. Quelques morceaux de crème éclaboussés sur le sol défigurant toute l'harmonie du gâteau.

« Giulio, attends une minute, ne sois pas en colère, viens maintenant, je vais tout te dire », a déclaré sa mère.

Mais Giulio était déjà sous les couvertures, frappé par une tempête de larmes.

Comment pourraient-ils lui cacher cette possible nouveauté ? Comment pourraient-ils décider de prendre une telle mesure sans lui demander son avis ?

Giulio sentit son cœur en feu, il continua à entendre dans ses oreilles les paroles du directeur comme un écho dans les hautes montagnes.

Des larmes coulaient sur son visage rouge et chaud, ses jambes étaient deux épées d'acier.

Il devait partir de là le plus tôt possible, il devait aller chez son ami Gabriele, il était le seul à pouvoir le comprendre, le seul à pouvoir le calmer.

Alors, il a mis une main sur ses yeux, a essuyé ses larmes et a claqué fort la porte de la maison.

« Giulio ! Attends, ne pars pas, donne-moi le temps d'expliquer ! » a déclaré sa mère.

Mais Giulio s'était déjà enfui.

L'enfant a commencé à courir, a couru si vite qu'il a senti l'air partout autour de lui. Il est d'abord allé à sa cachette secrète, il ne voulait pas être vu dans cet état par qui que ce soit. Pas même par Gabriele. Il est arrivé à sa plage de cœur, a commencé à sauter frénétiquement dans tous les sens sur le sable, puis est tombé au sol, épuisé.

Son cœur s'accélérait, il le sentait battre jusqu'à sa gorge.

Il enfonça ses mains dans le sable. Il en prit un tas et le laissa tomber au sol. Il s'est levé, a pris une pierre et l'a jetée avec toute la force qu'il avait en lui, avec toute la colère qui palpitait dans ses veines.

Il ouvrit les bras et cria fort, fort :

« Ce n'est pas juuuuuuuuste !!!! Je veux m'en aller !!! Je veux être seuuuuuuuuul ! »

Il abandonna ses bras le long de son corps et recommença à courir.

Ses jambes étaient si rapides qu'en un rien de temps, il était sous la fenêtre de son ami Gabriele.

Ce matin-là, c'était dimanche, Gabriele, en bon dormeur, avait à peine quitté son lit. Alors qu'il était doucement blotti, il entendit les cris de Giulio juste sous sa fenêtre : « Descends sinon je casse tout ! » a crié Giulio.

« Hé, mais as-tu perdu la tête ? Donne-moi le temps de m'habiller au moins », répondit Gabriele, toujours endormi, à la fenêtre.

« Dépêche-toi, l'escargot ! » enchaîna Giulio.

Seulement quelques instants passèrent et Giulio et Gabriele étaient assis sur le banc du village au centre de la place. Face à face.

Giulio était une rivière en crue, ses mots sortaient comme des confettis fous, il était en colère. Sa voix tremblait et haletait.

Gabriel le laissa se défouler, il savait que s'il l'interrompait, il le heurterait particulièrement. Il le connaissait puisqu'ils étaient des amis et qu'il n'y avait pas de secrets entre eux, pas de désaccords, jamais de querelles.

L'un était la force de l'autre et ensemble, ils étaient sensationnels.

Giulio soupira pendant deux longues respirations, inspira et jeta l'air, puis demanda à Gabriele ce qu'il pensait de cette nouvelle qui lui était tombée dessus comme une bombe à retardement.

Gabriele regarda d'abord les yeux de Giulio, ils étaient orange avec des pointes rougeâtres. Il était essoufflé avec deux joues rouges comme des pommes mûres. Cela faisait penser à un dragon.

Puis Gabriele éclata de rire, avec un rire fort, et commença à dire : « Et tout ce remue-ménage pour une promotion ? Giulio, tu devrais être heureux, tu devrais sauter à deux mètres du sol ! »

Giulio resta silencieux à ces mots et inclina la tête.

Gabriele a poursuivi : « Ne sois pas en colère contre ta famille, ils ne t'ont pas exclu, tu n'as pas à te sentir trahi. Ils l'ont fait uniquement parce que le transfert était possible, mais ce n'était pas sûr. Tu verras, le changement est bon ».

Gabriele était l'ami sage, sans jugement mais avec seulement d'excellents conseils. Giulio l'aimait beaucoup et sa colère était aussi sa peur, celle de quitter son ami et de ne plus le voir. Alors il jeta ses bras autour de son cou, le serrant fermement contre lui.

Les larmes ont coulé, il a beaucoup sangloté.

Les deux amis se regardèrent et éclatèrent de rire.

« Tu as raison Gabriele, j'étais bête de douter de ma famille, la colère m'a aveuglé. Mais comment vais-je quitter tout ça ? » a déclaré Giulio.

« Tu y arriveras, car tout sera une nouveauté et les nouveautés ont le goût des bonnes choses, elles sont comme des balades à vélo dans les bois, comme les crêpes du dimanche, comme plonger dans la mer ! » Puis il reprit : « Et n'oublie pas que nous ne sommes plus au Moyen Âge, l'homme a inventé des avions, des trains, des voitures. Je viendrai te rendre visite souvent, si souvent que tu ne ressentiras pas le moindre manque », conclut l'ami.

Giulio s'est immédiatement senti mieux, son cœur a repris son rythme régulier habituel, ses joues ont commencé à changer de couleur et ses jambes sont redevenues normales. Sa voix s'est également lissée. Ils décidèrent de se promener, et en marchant, petit à petit, la paix revint à l'intérieur du cœur de Giulio.

De retour à la maison, Giulio voulait parler à ses parents. Il voulait comprendre leur décision et a immédiatement compris que le choix de partir était bien pensé et bien réfléchi.

Le jour de son départ, Giulio se rendit chez Gabriele et lui laissa un avion en papier au pied de sa porte.

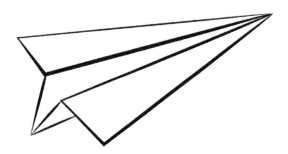

A l'intérieur, il y avait une phrase écrite : « Je regarderai le ciel et le premier avion que je verrai sera le tien. Je t'attends. Ton ami fou, Giulio ».

C'était le premier jour de l'hiver et il y avait un grand vent dans la ville.

Giulio, fermant la fenêtre de sa nouvelle maison, se souvint de cette dernière salutation et soupira.

Il ferma les yeux, à l'intérieur de lui vivaient tous ses meilleurs souvenirs.

Maintenant, il se sentait prêt, voire très prêt, pour de nouvelles aventures passionnantes encore plus belles.

Nous sommes faits de chair, d'os et d'arc-en-ciel. Oui, nous le sommes, et dans les différents faisceaux de lumière colorée, il y a de la colère, rouge, enflammée, perturbatrice.

La colère est un sentiment, et en tant que tel, il est authentique et nous appartient.

Il se distingue toujours comme un sentiment négatif, de la même manière que le vent qui jette tout au sol. Mais la colère, si elle est acceptée et reconnue, peut se transformer en une autre nuance. Nous devons la saisir comme une possibilité, celle de méditer, de penser, de raisonner. Pour ensuite changer de cap et nous améliorer.

MON CHOCOLAT KAMAL – LE DÉGOÛT

C'était le premier jour d'école et les vacances n'étaient plus qu'un lointain souvenir. Il avait rechargé ses batteries pendant l'été, combien d'aventures et combien de rires. Pour la première fois, il se sentait prêt à commencer une nouvelle année scolaire.

Son cœur battait comme un tambour, il était très excité. Cette année, il fréquenterait une nouvelle école, une nouvelle classe, de nouveaux enseignants et surtout, de nouveaux camarades de classe.

Sa sœur Elena, son aînée, avait fréquenté cette école et Giulio la connaissait déjà dans les moindres détails. Il venait souvent avec sa mère quand il accompagnait Elena, et chaque année, il était impatient de pouvoir y assister aussi.

Il connaissait tout le personnel de l'école et était bien renseigné sur les professeurs sur lesquels il devrait se concentrer le plus.

Avec toutes ces pensées qui lui traversaient la tête sur le chemin, presque sans s'en rendre compte, il était arrivé. Giulio est descendu du bus, a salué le chauffeur et s'est fièrement dirigé vers l'entrée principale de son école, tout en répétant sa phrase : « Courage, je peux le faire, je dois le faire, je peux le faire ! »

Il poussa un peu la porte et avec un regard curieux reconnut immédiatement sa classe.

« Waouh, comme c'est beau, c'est comme dans mes souvenirs. Mmmhh il y a une bonne odeur, oui, j'aime ça ! » dit-il volontiers.

Il a choisi le premier banc au premier rang, près de la fenêtre. Il s'assit, ouvrit son sac à dos, prit son carnet et soupira. C'était une grande aventure et il n'aurait pas pu rester une minute de plus à la maison.

Il aimait d'abord entrer dans la salle de classe, il voulait tout faire calmement et toujours anticiper le son de la cloche. De la fenêtre, vous pouviez voir le grand jardin de l'école, bordé d'arbres et très bien entretenu. Giulio, de sa place, avait une belle vue : le jardin était plein d'arbustes à fleurs et de grands pins, si hauts qu'il semblait les toucher.

Ce jour-là, il y avait beaucoup de vent et le bruit du vent s'est heurté au silence de sa classe. Giulio, après un moment assis, a porté une main sur sa bouche et a émis un bâillement très long et bruyant. Il s'est réveillé très tôt ce matin-là mais en était fier. Il jeta un coup d'œil à l'horloge, il restait encore une bonne demi-heure avant que la cloche ne sonne et il décida de faire une petite sieste.

Il posa sa tête sur le banc, les bras comme un beignet, et s'endormit dans un sommeil profond.

« Cette année, tout le monde dans le camping-car, vous partez en vacances au camping ! » dit tout fier papa.

Maman leva le nez, écarquillant les yeux et reniflant plus qu'un train à vapeur. Au contraire, ma sœur et moi sommes réjouis. Enfin des vacances aventureuses et passionnantes en vue.

Papa a choisi de partir durant la journée la plus chaude de l'été, jamais ressentie auparavant. Ce matin-là, le réveil est devenu fou et nous avons tous sauté du lit comme de courageux petits soldats.

Maman était déjà sur le pied de guerre, elle n'aimait pas l'été et quand juin est arrivé, elle a commencé à compter les jours restants avant l'arrivée de l'automne.

Papa, d'autre part, était tout excité et joyeux. Il a tout chargé sur le camping-car, il était très doué pour faire en sorte que maman ne porte rien et donc, avec la radio, il a mis un pied sur l'accélérateur... et c'est parti !

Le camping-car était tout neuf, papa était un vrai passionné. Après tant d'insistance, il a réussi à convaincre ma mère de l'acheter.

C'était génial, j'avais l'impression d'être une tortue à l'intérieur de sa carapace. Et nous n'avions pas été en reste, nous avions apporté pratiquement toute la maison !

Le camping-car était très grand : un espace dédié à la conduite, une cuisine bien équipée, une table confortable, trois canapés qui ont été transformés en un clic en lits douillets, une salle de bain et un petit salon.

Rien ne manquait. Maman a immédiatement commencé à ranger les valises, tandis qu'Elena et moi, assis, avons apprécié le paysage depuis la fenêtre.

Nous sommes arrivés en un éclair, et à la porte du camping, nous avons été accueillis par un gentil et drôle de monsieur de taille moyenne. Il avait un beau ventre bien rond, un chapeau de paille et un sifflet autour du cou.

« La famille Berretta ? Nous vous attendions, s'il vous plaît, suivez-moi », a-t-il déclaré.

Mon père a baissé la fenêtre, a baissé la tête et a été réchauffé par un vif rayon de soleil.

Nous sommes arrivés à notre emplacement et sommes sortis avec enthousiasme du camping-car. Maman et papa se sont immédiatement mis au travail pour ouvrir la véranda et créer de l'ombre. Elena et moi, attirés par les rires qui venaient de la place, nous sommes éloignés très vite.

« Enfants curieux mais attentifs, je vous fais confiance ! » dit maman.

« A plus tard ! » avons-nous répondu. Comme de parfaits curieux, nous avons commencé à explorer tout le camping, je dois avouer que papa avait été vraiment bon pour le choisir.

C'était immense : il y avait de la place pour les campeurs, les caravanes et les tentes. Ensuite, depuis la longue place, vous pouviez accéder au parc d'attractions, à un immense parc entouré de piscines et de jeux d'eau, à un espace détente avec une forêt de pins et à tous les services pour faire vos courses.

« Waouh, c'est tellement grand que ça ressemble à une ville ! » me suis-je exclamé, satisfait.

« Qui est-ce qui rit aux éclats ? Allez, allons voir ! » me suggéra Elena, pointant du doigt la pinède.

Mes yeux n'avaient jamais vu une telle scène. Perchés sur les arbres, il y avait un très grand groupe d'enfants, éparpillés ici et là, qui, comme des singes, s'accrochaient aux branches en riant et en chantant fort.

« Salut ! » a déclaré ma sœur, en joie.

Mais rien à faire, ces petits singes n'ont pas remarqué notre présence. Alors je me suis approché, et juste sous les arbres, j'ai ouvert grand les bras et j'ai crié : « Qui est celui qui ose jouer sur mes arbres ? Descends immédiatement et incline-toi devant ton roi ! »

« Ahhhhh !!! Aidez-nous, fuyons immédiatement ! » ont déclaré ces canailles.

« J'ai l'impression de les avoir convaincus », pensais-je.

Et en fait, ils sont immédiatement descendus des arbres, si rapidement que certains ont capitulé en tombant avec leurs fesses sur le sol.

De peur, ils semblaient sentir leur cœur battre comme un tambour, les yeux écarquillés et la bouche ouverte. Comme des petits soldats, ils se sont immédiatement alignés.

« Eh bien, enfin un peu de silence. Je me présente, je suis le roi Giulio, maître de cet immense village, et je suis fatigué de tout ce bruit, mais à la fin je suis bon et je vous pardonne », répondis-je avec un geste hautain.

Nous nous sommes regardés dans les yeux et avons éclaté de rire si fort que nous avons eu un hoquet.

« Tu pourrais être acteur, nous sommes vraiment tombés comme des pigeons et quelle peur ! » a déclaré l'un des membres du groupe.

« C'était le seul moyen de me faire entendre, ton rire a été entendu depuis la porte. Je me présente maintenant pour de vrai, je suis Giulio et c'est ma sœur Elena ».

« Bonjour Giulio, je suis Guglielmo, mais appelez-moi Bolt, en anglais, ça veut dire éclair. On dit que quand je marche, il semble que la foudre passe, parce que je suis très rapide », a déclaré un enfant aux cheveux roux et au regard sournois.

Ils sont tous apparus, tous étaient drôles et avec des surnoms amusants. Elena et moi nous sommes regardés, et de son regard, j'ai immédiatement compris que nous allions beaucoup nous amuser avec ces petits singes.

« Nous allons t'appeler le roi Giulio. Et maintenant, allez, suivez-nous, nous allons vous présenter tout le camping, il y a de très beaux endroits ! » a déclaré Bolt, en avançant avec une démarche audacieuse.

Les enfants m'ont fait découvrir les coins cachés que le camping réservait et immédiatement, Elena et moi nous sommes retrouvés en parfaite harmonie avec eux. Il semblait que nous nous connaissions depuis toujours et grâce à mon caractère décisif mais toujours joyeux, je suis rapidement devenu leur chef.

Tout le monde m'a fait confiance et les propositions que j'ai lancées ont été acceptées avec grand plaisir. Chaque jour était une nouvelle aventure, et chaque jour, il y avait toujours quelque chose à apprendre.

Les prévisions pour ce samedi étaient parfaites. Une merveilleuse journée ensoleillée était attendue et donc, avec mes amis, nous avons décidé d'aller à la mer. Il y avait une petite mais très belle plage à distance du camping. C'était isolé mais c'était une immense joie d'y passer quelques heures.

Je me suis réveillé tôt, j'ai pris le petit déjeuner dans la véranda du camping-car, et avec ma sœur, nous nous sommes équipés avec râteau, seau et épuisette. Tout ce dont vous avez besoin pour pêcher du poisson et des coquillages.

J'étais encore sur le porche quand j'ai entendu un bruit juste à côté de ma tente. Aussi curieux que je fusse, j'ai immédiatement mis mon nez dehors et j'ai vu un camping-car s'approcher près du nôtre.

Quelques minutes plus tard, une famille toute joyeuse est sortie du camping-car. Ils ne parlaient pas italien et ils avaient tous la peau couleur chocolat.

Je les ai immédiatement approchés et je me suis présenté : « Bonjour, je suis Giulio et je suis ici dans le village depuis un moment. Si vous avez besoin de conseils et de renseignements, je suis ici, je peux vous faire la visite ! »

Ils m'ont regardé un peu confus, peut-être qu'ils ne connaissaient pas ma langue, alors j'ai commencé à répéter ce que je venais de dire en gesticulant et en criant à pleins poumons.

L'enfant, qui était à côté de son père s'est approché de moi et m'a dit : « C'est vrai que nous ne sommes pas italiens, mais il est vrai aussi que nous ne sommes pas sourds ! » dit-il en riant aux éclats.

J'ai été très blessé par cette blague, alors je lui ai tourné le dos, j'ai pris tout ce dont j'avais besoin pour la plage et j'ai couru vers la mer avec ma sœur.

Tous mes amis étaient déjà là, assis sur la plage en train de rouler comme des tonneaux. Au début, je n'ai pas parlé de la rencontre avec l'enfant de couleur chocolat, j'étais encore un peu agacé, même dégoûté. Ses rires m'avaient fait me sentir mal, loin, très loin de lui. Mais ensuite, alors que je faisais un immense château de sable, je l'ai revu. Il était derrière moi, me regardait et me scrutait comme si j'étais un extraterrestre.

« Et maintenant, qu'est-ce que tu veux de moi ? Du balai, retourne dans ton pays étranger ! » Me suis-je exclamé avec colère.

Tous les enfants se sont approchés et m'ont vu si en colère qu'ils ont aussi commencé à se moquer de lui pour son teint et sa prononciation imparfaite.

« Étranger, ne vois-tu pas que tu n'es pas le bienvenu ? Notre Roi te demande de partir, ne nous laisse pas te le dire à nouveau ! » ont-ils dit en groupe.

L'enfant n'a pas dit un mot et, la tête baissée, s'est éloigné.

Nous l'avons laissé là, seul sur la plage, pendant que nous jouions à des jeux dans l'eau.

Quand j'étais loin de la plage, je me suis retourné et je l'ai vu seul et attristé.

« J'étais vraiment impoli avec lui, une vilaine vengeance, ce n'est pas moi », pensais-je.

Alors je suis sorti de l'eau, je me suis enveloppé dans la serviette et je me suis approché de lui. Il s'était assis sur un rocher, les pieds pendants dans la mer. Il m'a regardé, a fondu en larmes puis est parti, me laissant seul, sans me donner le temps de répondre.

J'ai passé cette journée à le chercher mais rien, il semblait avoir disparu dans les airs. Tard dans la soirée, je suis sorti sur la véranda avec mon transat, il y avait un ciel plein d'étoiles et j'ai repensé à l'émotion qui m'avait rongé ce matin-là. Me sentir dégoûté pour cette phrase que cet enfant m'avait dite était vraiment trop exagéré, j'avais été finalement dur et offensant avec lui. Je devais absolument m'excuser auprès de lui.

Je suis allé me coucher en promettant de le chercher le lendemain.

Le lendemain matin, alors que je continuais à faire ma sieste à l'intérieur du camping-car, j'ai entendu un grand bruit juste à côté de notre véranda.

J'ai sauté du lit, et tout étourdi et somnolent, je suis sorti. J'ai vu l'enfant des voisins, il avait l'air boudeur et impuni et dans sa main des baguettes en bois qui sonnaient, ou plutôt tonnaient, sur un tambour.

Je me suis approché, nous nous sommes regardés dans les yeux et j'ai grimacé avec un sourire.

Je lui ai tapé sur l'épaule et lui ai dit : « Excuse-moi, hier j'étais vraiment... »

« Stupide et irritant » m'interrompit-il,

« Arrogant et odieux », a-t-il ajouté,

« Malpoli et mauvais », a conclu l'enfant.

« Tu as tout à fait raison, j'ai été toutes ces choses et je m'excuse, je ne pense pas ce que je t'ai dit, j'étais juste en colère », ai-je répondu.

« J'étais malade toute la journée, tes mots m'ont vraiment dégoûté parce que je ne m'y attendais pas. Ils sont venus comme un seau d'eau gelée dans le visage. Tu sais, je suis né ici en Italie et, peut-être, je me sens plus italien que toi. Ma peau est différente de la tienne, mes yeux n'ont pas la même forme que toi mais nous sommes tous les deux des enfants, différents mais similaires », m'a-t-il dit, avec un air déçu.

« Je m'appelle Giulio et je suis l'enfant le plus stupide de toute la péninsule italienne », répondis-je en tendant la main.

« Je suis Kamal et je suis l'enfant le plus sage de tout le Maroc », m'a-t-il répondu en me faisant un clin d'œil.

Nous nous sommes embrassés et nous nous sommes promis que nous ne nous disputerions plus jamais. Nous avions tous les deux ressenti une émotion étrange, du dégoût, et en réponse nous avions bâti un mur pour nous défendre. Nous comparer et parler ensemble nous a fait comprendre que tout pouvait être surmonté et que cela valait la peine d'essayer à nouveau.

En tant que chef de village, je devais absolument rassembler tous mes amis et présenter Kamal de la meilleure façon qui soit.

J'ai rapidement enfilé mon costume et avec Kamal nous sommes arrivés à la plage. Ils étaient tous là, à la recherche de coquillages et d'oursins.

« Il est inutile de les chercher, les gros coquillages et les oursins ne se trouvent que sous les rochers ! » a déclaré Kamal, d'un ton expert.

J'ai hoché la tête d'un ton d'approbation.

Tous mes amis ont arrêté de chercher, ne déplaçant que leurs yeux d'un côté et de l'autre en essayant de savoir ce qui se passait.

Je me suis approché et j'ai raconté tout ce qui s'était passé.

J'ai été très impressionné par la réaction de mon groupe d'amis qui, très désolé, s'est excusé auprès de Kamal. Il a beaucoup apprécié et nous a proposé de nous enseigner tout l'art de la pêche aux oursins.

À la fin de la journée, dans notre seau, il y avait une infinité d'oursins noirs et bien pointus.

Nous aimions trop la mer et ses créatures, satisfaits d'avoir appris quelque chose de nouveau, nous avons pris les seaux et replongé les oursins dans leur maison : la mer.

Kamal nous a invités à son camping-car et ce fut une belle soirée. Il nous a présentés à sa famille et sa mère avait préparé un dîner marocain. Nous nous en sommes léché les doigts. Les parents de Kamal avaient déménagé en Italie depuis de nombreuses années, et dans notre pays, ils avaient donné naissance à Kamal et à ses frères.

Sous le ciel étoilé, alors que mes amis et moi écoutions curieusement l'histoire de Kamal, nous avons tout de suite compris qu'il avait rejoint notre groupe de plein droit.

J'ai mis un chapeau à visière sur sa tête et j'ai dit : « Eh bien, mes amis, apparemment, nous avons un nouveau membre dans notre groupe et quelque chose me dit qu'avec lui, il n'y aura jamais le temps de s'ennuyer. »

Nous nous sommes tous embrassés et avec ce câlin, les désaccords s'étaient dissipés. Loin, très loin de nous.

Driinnn !!!!!

« Oh maman, qu'est-ce que c'est que ce son ? La cloche peut-être ? Oh oui, j'entends déjà les voix dans le couloir, mais qu'est-ce que c'était ? J'ai rêvé peut-être. Qu'est-ce que j'ai bien dormi. »

Comme des taureaux fous, mes camarades de classe sont entrés dans la salle de classe.

Je les ai bien observés et l'un d'eux m'a rappelé quelqu'un...

« Roi Giulio, mais que fais-tu ici ? Oh ce n'est pas possible, tu es mon camarade de classe maintenant ! »

« Kamal, mon chocolat, oh comme je suis heureux, je ne m'y attendais pas ! » lui ai-je dit en le serrant fermement dans mes bras.

Je suis rentré chez moi après la première journée bien remplie d'école, j'étais un peu étourdi. Le rêve, Kamal et toutes ces nouvelles m'avaient un peu bouleversé, je me sentais comme à l'intérieur d'une machine à laver.

Je me suis jeté sur le lit, j'ai regardé le plafond et j'ai pensé que les coïncidences donnaient parfois de merveilleuses surprises.

Le dégoût est un sentiment d'hostilité désagréable envers quelque chose que nous connectons souvent à un aliment, se référant au dégoût alimentaire. Mais en réalité, c'est une perception instinctive qui peut également être montrée dans différentes situations. C'est le cas du dégoût interpersonnel qui, dans notre histoire, implique les deux enfants qui se sentent mutuellement jugés, faux, différents, et c'est ainsi que le mur de la méfiance a été élevé, supprimant la possibilité de comparaison et d'écoute. Lorsque vous ressentez cette émotion, vous avez tendance à vous éloigner, à rejeter cette situation particulière qui agace.

Certaines personnes expriment leur dégoût pour une autre culture, un autre peuple, une autre religion ou un autre pays. C'est la diversité qui peut être effrayante et on peut avoir tendance à la rejeter, à l'éviter. Mais, en réalité, c'est la diversité qui nous enrichit en tant que personnes.

Le conseil que j'aimerais vous donner est le suivant : Lorsque nous sommes submergés par ce sentiment, la meilleure façon de le renvoyer est par le dialogue. Nous essayons toujours d'avoir le désir de nous confronter à ceux qui pensent différemment de nous, à ceux qui semblent différents de nous. Écouter un autre point de vue nous aide à avoir une vision différente des choses et de nous-mêmes. Écouter les autres est une belle façon de grandir et de mieux se connaître. Pour ouvrir notre esprit et nous améliorer. Tout le temps.

MON AMIE DU SOLEIL - LA PEUR

Son élément naturel était certainement l'eau. Oui, juste l'eau.

Depuis qu'elle était enfant, quand elle avait peur de quelque chose, elle courait près d'un robinet, d'une fontaine. Elle a immédiatement mis ses mains en dessous, a laissé l'eau couler et lentement, la peur a glissé.

Elle a dit à tout le monde qu'elle était née petit poisson et qu'au fil du temps, elle s'était transformée en petite fille. Elle était très amusée par cette histoire et y croyait peut-être un peu.

Emily était une fille de onze ans, toujours joyeuse, un peu drôle, très travailleuse. Tout ce qu'elle a fait, elle l'a accompli comme un petit soldat parfait. Elle était curieuse de tout, ce qui l'a amenée à aimer l'école et ce qui nécessitait du travail, de la discipline et de l'engagement.

Elle était la première en tout : à l'école, au piano, à la danse, personne ne pouvait rivaliser avec elle. Elle était toujours en première ligne. Sa famille était très fière d'elle et la gâtait un peu, chaque succès était récompensé et gratifié par un merveilleux cadeau. Elle était tellement habituée à réussir qu'elle ne le remarquait plus.

Pour cette raison, Emily, depuis un certain temps, avait réalisé qu'elle avait besoin d'une explosion de nouveauté dans sa vie quotidienne.

L'été venait de commencer. L'école était terminée, et avec elle, toutes les activités qu'elle exerçait habituellement. Ses parents devaient travailler, et sa mère, le premier jour de l'été, l'a mise dans le train pour aller à la plage chez sa grand-mère. Elle passait deux longs mois avec ses grands-parents dans une belle villa surplombant la mer.

Voyager en train était très excitant, et même si ses grands-parents ne vivaient qu'à deux heures de la ville, le voyage semblait très long.

Elle monta dans le train en tenant fermement sa valise, arriva à son wagon, s'assit sur son siège, près de la fenêtre, et salua joyeusement sa mère.

« Maman, à bientôt, viens me rendre visite, j'y tiens », a déclaré Emily.

« Tu verras mon amour, ces mois passeront vite et je suis sûre que tu vas beaucoup t'amuser avec tes grands-parents, profite bien ! » répondit sa mère.

Le chef de gare a sifflé et le train est parti.

C'était une chaude journée de début d'été. Emily a immédiatement baissé la fenêtre, c'était un vieux train et l'air devenait un peu pollué. Immédiatement, le vent vint sur son visage et ses longs cheveux couleur blé commencèrent à s'agiter par la fenêtre comme des chiffons couchés au soleil.

Le wagon était presque vide et Emily aimait beaucoup cela, car elle avait l'impression que le train était tout pour elle. Elle posa sa valise sur le porte-bagages au-dessus de sa tête, s'assit sur le siège et commença à observer le paysage changeant. Arrêt après arrêt.

Elle a tout regardé très attentivement et était sur les rails pour convaincre sa mère de la laisser faire ce voyage seule, sans escortes. Maintenant, elle se sentait comme une petite dame et était prête à expérimenter de nouvelles choses, des choses pour adultes.

Mais voici un autre arrêt. Soudain, sa paix fut interrompue par un monsieur avec une grande valise dans une main et une cage dans l'autre d'où jaillissaient deux très longues oreilles velues.

Emily éclata de rire. L'homme entra dans son compartiment, repéra sa place et s'assit.

« Bonjour mademoiselle, où vas-tu ? » dit le monsieur d'un ton audacieux.

« Jusqu'à la mer chez mes grands-parents, je ne les ai pas vus depuis longtemps. Et que faites-vous dans le train avec un lapin ? » demanda la petite fille, curieuse.

Le monsieur lui sourit, ouvrit la cage et prit son ami à fourrure.

« Il s'appelle Puff et c'est le cadeau d'anniversaire de ma petite-fille. C'est une surprise et je suis sûr qu'elle sera stupéfaite », a répondu le monsieur.

« C'est une belle idée, félicitations pour le cadeau, vraiment originale. Je m'appelle Emily et vous ? » demanda la petite fille.

« Je m'appelle Gustavo, c'est vraiment un plaisir de te rencontrer Emily », répondit le monsieur en caressant amoureusement le museau du lapin qui sortait de la cage.

Gustavo était un gentleman d'âge moyen, grand et robuste, et d'après son profil, il était clair que dans sa jeunesse, il avait été un sportif.

Le temps du voyage s'est envolé rapidement. Emily n'a pas eu le temps de discuter avec le gentil monsieur qui est arrivé à son arrêt.

Elle se leva immédiatement et rapidement, prit précipitamment sa valise, salua le monsieur, fit une caresse à Puff et descendit du train.

Ses grands-parents étaient déjà sur les rails à l'attendre avec un tas de marguerites dans leurs mains. Ses fleurs préférées.

Emily a vu ses grands-parents et les a salués avec un sourire magnifique et éclatant.

« Grand-mère, grand-père, oh comme je suis heureuse de vous voir, je suis tellement heureuse que j'aimerais remonter dans le train et recommencer ! » a déclaré la petite fille, sautant autour du cou de son grand-père bien-aimé.

Les grands-parents ont éclaté de rire et tous les trois se sont dirigés vers la voiture.

Ils sont arrivés à la porte de la villa et la petite fille est immédiatement sortie de la voiture.

Remuant frénétiquement la queue, Emily est venue à la rencontre de Bianca, la chienne de ses grands-parents, un teckel aux longues oreilles et aux poils doux et brillants.

Emily la prit immédiatement dans ses bras et la fit virevolter de joie.

« Emily, Bianca n'est pas habituée à autant de vivacité », a déclaré sa grand-mère avec un sourire.

La grand-mère a pris sa petite-fille par la main et l'a amenée dans la maison, elle lui a immédiatement montré sa chambre : elle était restée intacte, tout comme elle l'avait quittée l'été dernier. Elle sentait même la même chose : la lavande.

Grand-mère aimait s'occuper de la maison, chaque détail n'était pas laissé au hasard. Toutes les chambres étaient en parfait état et avaient une odeur de lavande, sa plante aromatique préférée.

Quand ils étaient jeunes, ils avaient fait un voyage magnifique et romantique en Provence avec son grand-père. Et juste devant un champ de lavande, celui-ci s'est agenouillé et lui a demandé de l'épouser.

La chambre d'Emily était de couleur lilas, même les draps. Son lit était immense, extrêmement confortable. Il y avait un joli bureau juste sous la grande fenêtre, une petite salle de bain et une très grande armoire avec un miroir brillant. Sur les fenêtres, un long rideau blanc glissait doucement sur le sol.

À côté du lit, il y avait un énorme oreiller, Emily a fait blottir la chienne Bianca là-haut. Elle aimait dormir dans la chambre avec elle parce que la nuit, elle produisait un petit ronflement qui l'amusait et la calmait.

Elle a immédiatement déballé ses sacs et, soigneusement, a tout mis dans le placard. De la cuisine est venue une odeur de beignet au chocolat et aux noisettes, le dessert préféré d'Emily. Les bonbons de grand-mère étaient irrésistibles et grignoter avec grand-père était fantastique.

Le grand-père avait un ventre rond tandis que la grand-mère était mince et aux membres longs, très attentive à sa ligne. Elle avait mis son grand-père au régime toute l'année, mais dans les mois où Emily était là... chaque excuse était bonne pour profiter des délices que la grand-mère préparait pour sa petite-fille.

Emily a mis le beignet dans sa bouche, se salissant de chocolat. Et juste au moment où ses mains étaient également devenues toutes marron, elle entendit une sonnette de vélo.

Elle a immédiatement reconnu ce son, et avec le morceau de beignet encore dans sa bouche, elle est immédiatement allée voir.

« Emily, tu es déjà là, ta grand-mère m'a dit que tu viendrais, mais je n'imaginais pas que tu arriverais si tôt ! Oh comme c'est beau ! » a déclaré la jeune fille aux cheveux cuivrés, plaçant son vélo sur le parvis.

« Oh comme je suis heureuse de te revoir Lisa, mon cœur éclate de joie. Mais comment peux-tu déjà être bronzée ? L'été ne fait que commencer ! » dit Emily en serrant fermement son amie dans ses bras.

Lisa était son « amie du soleil ». Elles s'appelaient comme ça car elles ne se voyaient qu'en été. Elle vivait dans la maison à côté de celle de ses grands-parents, été comme hiver. C'était une enfant très différente d'Emily, elles étaient différentes en tout. En apparence et en caractère.

Lisa était ronde, Emily était un cure-dent, Lisa avait les cheveux roux, Emily était de couleur blé. Lisa était désordonnée, tardive, et indisciplinée, Emily exactement le contraire.

Et c'étaient précisément ces caractéristiques propres à Lisa, si différentes des siennes, qu'Emily aimait beaucoup.

Elles riaient toujours, et ensemble, elles étaient explosives. Les deux amies ne voulaient pas perdre ne serait-ce qu'une minute, et sur leur vélo, elles se sont immédiatement dirigées vers la plage.

Juin était le plus beau mois pour profiter de la mer. Il y avait encore peu de monde sur la plage et les parasols, éparpillés ici et là, étaient loin les uns des autres.

La mer était lisse, plate et très calme, le soleil était haut dans le ciel et on pouvait entendre le son joyeux des mouettes annonçant le début de l'été.

Emily et Lisa ont mis leurs vélos contre le mur. Pieds nus, elles sont arrivées sur le sable qui brûlait déjà un peu. Elles ont enlevé leur t-shirt et leur short, en même temps qu'elles ont écarté les bras en respirant profondément l'air salin qui passait dans leurs narines.

Lisa était une très bonne nageuse : en hiver, elle faisait de la natation de compétition, tandis qu'en été, elle suivait des cours de plongée et d'apnée.

Emily, quant à elle, flottait à peine et nageait toujours près du rivage.

Ce jour-là, les deux amies, euphoriques et excitées pour la première baignade dans la mer, ont décidé de jouer à des jeux dans les eaux peu profondes, faire des châteaux de sable et une belle partie de volley-ball sur la plage.

À un moment donné, Lisa a regardé dans l'eau, il y avait tellement d'oursins, d'étoiles de mer et de poissons multicolores, alors elle a dit à Emily : « Si nous restons ici sur le rivage, nous ne pouvons pas découvrir ce qu'il y a dans la mer. Tu verras, tu vas aimer, mettons les masques pour que nos yeux ne nous brûlent pas ! »

« Lisa, nous n'allons pas très loin, n'est-ce pas ? Ne sais-tu pas que l'eau froide est mauvaise pour la peau ? » répondit Emily, agacée.

En vérité, Emily ne voulait pas admettre cette faiblesse : elle avait peur des eaux profondes.

Elle n'avait jamais été capable de surmonter cette peur. Mais comme elle n'avait pas l'habitude de perdre, ou plutôt, de reconnaître qu'elle n'était pas toujours la meilleure, elle a dit un petit mensonge à son amie du soleil.

Lisa, sans poser d'autres questions, est sortie de l'eau et a pris de son sac deux masques complets avec un tuba pour respirer. Elle en donna un à son amie, et descendit dans l'eau pour découvrir les merveilles que gardaient la mer.

Elles se sont beaucoup amusées, et sans s'arrêter un instant, elles ont rempli leurs seaux d'étoiles de mer, de coquillages et de poissons multicolores en un rien de temps.

« Allez Emily, avance, regarde en dessous, il y a un petit poisson transparent », a déclaré Lisa.

« Oh, oui, je le vois ! » répondit Emily, un peu agacée.

Lisa était survoltée et, à un moment donné, elle a commencé à s'éloigner du rivage à la recherche de plus gros poissons. L'eau peu profonde l'ennuyait beaucoup, alors, en quelques coups de brasse, elle avait déjà atteint l'eau où elle n'avait plus pied.

Elle s'élance de haut en bas, tandis qu'Emily reste près du rivage.

Alors elle a commencé à appeler son amie à haute voix.

« Allez, viens, ressaisis-toi, pourquoi ne me rejoins-tu pas ? L'eau est très chaude et si nous allons en dessous, c'est un spectacle, viens, ne te fais pas prier ! » l'incita Lisa.

Emily a d'abord refusé, mais ensuite, sans accorder beaucoup d'importance et à force d'entendre l'insistance de son amie, elle est allée dans la direction de Lisa.

Alors qu'elle se dirigeait vers l'eau plus profonde, Emily a été assaillie par la peur. Elle a commencé à trembler sur tout le chemin, elle claquait des dents et son cœur pouvait s'entendre battre jusqu'aux tempes.

Elle ne pouvait plus prétendre à rien, la peur était arrivée. Elle la reconnut immédiatement et, avec son arrivée, elle ne pouvait plus avoir le contrôle d'elle-même.

Ses jambes étaient bloquées, comme deux statues. Ses mains tendues et raidies.

Elle secoua la tête et la mit délibérément sous l'eau. Et quand elle a repris son souffle, elle a décidé de rejoindre Lisa. Sinon, elle s'en serait moqué.

Emily a commencé à nager plus timidement pour s'éloigner encore plus du rivage. Mais même si elle continuait à nager, il semblait que Lisa était toujours trop loin. Elle entendit à peine sa voix, ce qui continua de l'inciter à la rejoindre.

L'eau était froide, ses mains étaient toutes recourbées et Emily était de plus en plus anxieuse et inquiète. Et juste au moment où elle sentit que sa force manquait, elle se laissa glisser dans les eaux profondes.

Elle ferma les yeux, sentit son cœur battre vite. Et tandis que l'eau était au-dessus de sa tête, deux bras forts et accueillants l'ont attrapée et l'ont ramenée à la surface.

Emily a fondu en larmes, des larmes coulant sur son visage. Froide et effrayée, elle se recroquevillait dans les bras de son sauveur, gardant les yeux fermés de peur.

Ces bras forts et robustes la faisaient s'allonger sur sa serviette, l'enveloppant doucement.

« Comment te sens-tu ? Respire bien, tout est fini maintenant, n'aie pas peur, je suis avec toi », entendit-elle d'une voix chaleureuse et rassurante.

Emily, encore tremblante de peur, s'enveloppa dans sa serviette et resta blottie dans les bras de son sauveur.

Quelques minutes se sont écoulées comme ça. Et quand son souffle et son cœur reprirent leur rythme habituel, Emily ouvrit les yeux et vit que les bras forts qui l'enveloppaient étaient ceux de M. Gustavo, le monsieur qu'elle avait rencontré dans le train.

Elle l'a regardé, lui a souri et a dit : « S'il n'avait pas été là… Oh comme je suis reconnaissante ! »

« Maintenant, rassure-toi Emily. Je pense que tu as fait un pari aujourd'hui. La mer est une amie pour ceux qui la connaissent et sont des experts, mais elle peut se transformer en ennemi si vous n'avez aucune expérience », lui a expliqué M. Gustavo.

« Il a raison, la peur des hautes eaux m'a prise par surprise, alors je ne savais pas quoi faire et c'est pourquoi... »

M. Gustavo n'a pas laissé Emily terminer sa phrase qu'il lui a dit : « Ma chère, j'ai vu plus de lunes que toi dans ma vie, et je peux te dire avec certitude que tu as été trop imprudente. Je t'ai déjà observée et tu aurais bien fait de dire la vérité à ton amie pour t'épargner tout cela. Ta peur de l'eau s'est ajoutée à ta peur de te sentir incapable, de ne pas savoir comment faire quelque chose dans lequel ton amie est une experte. Mais rappelle-toi que rien ne peut se passer parfaitement si nous ne savons pas comment faire quelque chose. Personne ne sait tout faire et nous ne pouvons pas toujours être les premiers en tout ».

Emily n'a rien dit, elle savait que M. Gustavo avait raison.

Soudain, Lisa est venue à sa rencontre, toute dégoulinante, avec un air de colère, et a dit : « Emily, mais qu'est-ce que tu fais ici allongée ? J'avais l'air folle, je t'ai appelée encore et encore. J'ai vu que tu approchais mais je ne t'ai plus vue. Aïe, aïe, retournons à l'eau, il y a de belles algues au fond de la mer ».

Emily a sauté, a laissé tomber la serviette qui l'enveloppait sur le sol et le visage rouge a dit : « Oui bien sûr, je viens immédiatement, mais l'eau où tu étais est trop salée, et mon estomac est très perturbé », a-t-elle répondu.

M. Gustavo regarda la petite fille et Emily réalisa immédiatement son erreur.

Elle prit Lisa par la main, et en regardant son amie droit dans les yeux, elle baissa toutes ses défenses et lui dit : « Lisa, ce n'est pas vrai que les hautes eaux sont plus salées que celles du rivage et ce n'est pas vrai que l'eau froide est mauvaise pour la peau. La vérité est que j'ai une peur folle de nager là où je n'ai pas pied. J'étais convaincue qu'en te disant la vérité, je te décevrais et que tu te moquerais de moi ».

Lisa lui a immédiatement fait un beau sourire, l'a serrée dans ses bras et lui a dit : « Emily, mais comment peux-tu penser que je me moquerais de toi ? Tu es mon amie, mon amie du soleil, je t'aime tellement et entre amis il n'y a pas de secrets. Je ne savais pas non plus nager, moi aussi j'avais peur de l'eau avant, mais ensuite je me suis entraînée et la peur a lentement disparu ».

Et donc, avec un beau rire, les deux amies et M. Gustavo ont regardé la mer et son scintillement, et ont compris que tout était passé. La peur avait cédé sa place à la joie.

La peur est une émotion générée par la frustration. Face à un danger, elle apparaît ici dominatrice, nous obscurcit et nous bouleverse.

Cela nous empêche de raisonner et de trouver une solution. Mais si nous la reconnaissons, la peur est un excellent outil pour grandir et nous améliorer. C'est une excellente salle de sport pour entraîner nos faiblesses, celles qui nous rendent fragiles. Mais la fragilité est la sœur de la sensibilité, et elle ne doit être renforcée que par l'expérience.

Nous ne devons pas craindre la peur. Au lieu de cela, nous devons l'accueillir comme une occasion d'élever nos qualités, pour laisser place à la maturité.

Je m'appelle Luna – Le Mépris

La musique m'a toujours accompagnée, depuis que je suis dans la ventre de ma mère. Ma mère dit que quand j'étais encore une petite graine, elle m'a toujours fait écouter de la musique classique. Elle a dit que cela la détendait et que moi, dans son ventre, je ne faisais que gesticuler.

Enfant, je m'endormais avec une écharpe dans les mains, respirant ainsi son parfum, et toujours avec de la musique en fond. C'était le seul remède à mes caprices.

Il semblait que les notes volaient dans ma chambre, légères et douces, et que quand elles se réveillaient, elles m'embrassaient et me câlinaient.

« L'amour pour la musique se ressent d'abord dans le cœur, puis dans les oreilles », disait toujours mon grand-père. Et c'est lui qui a fait de la musique une passion pour tous les membres de la famille.

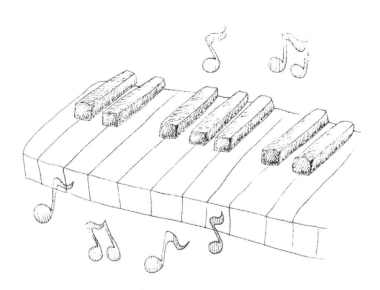

Sa longue carrière a été parsemée de nombreuses satisfactions et récompenses : c'était un très bon pianiste, bien connu dans les milieux musicaux. Il avait foulé plusieurs scènes internationales, respirant ainsi de nouvelles harmonies qui l'avaient inspiré et fait progresser. Quand il revenait de ses longs voyages à l'étranger, il voulait toujours me voir, nous nous sommes assis près de la cheminée avec grand-mère, sirotant un thé au jasmin, et il nous a raconté toutes ses expériences. Jusque dans les moindres détails. C'était vraiment excitant d'imaginer grand-père, devant un public comble, avec autant de concertistes talentueux.

Et c'est ainsi que devant un feu chaud et lumineux, et après une histoire passionnante de grand-père, j'ai décidé que ce serait ma décision, ce serait mon choix.

J'avais sept ans quand j'ai pris mon violon pour la première fois.

Je me souviens encore de l'émotion de la première fois, la première fois que j'ai pris l'archet dans ma main en le faisant glisser bruyamment de haut en bas sur les cordes. J'étais petite mais déjà très consciente de ce que j'aimais faire.

Jouer, jouer simplement.

Mon grand-père était très heureux quand j'ai choisi de prendre des cours de violon, il m'a accompagnée à la première leçon. Le professeur était une de ses amis, « une artiste de concert incroyable », dit grand-père. C'était une dame d'âge moyen, avec ses cheveux attachés par une très longue tresse blanche et deux grands yeux bleus profonds. Sa silhouette était mince et gracieuse, et ses manières étaient douces et délicates. Elle bougeait élégamment et sa voix était chaude et rassurante. Ce jour-là, je ne l'oublierai jamais, nous avions rendez-vous à dix-sept heures et grand-père, lui aussi très excité, m'a conduit main dans la main jusqu'à la maison de cette dame élégante et gentille.

J'étais assez sereine, j'avais poli mon violon avec un chiffon de soie la nuit précédente. Je ne savais pas comment les leçons se dérouleraient mais j'étais heureuse, très heureuse de commencer enfin un nouveau, long et fascinant voyage.

La dame aux cheveux laiteux nous a accueillis avec un sourire éclatant, si beau que c'était contagieux. J'ai tout de suite été frappée par sa robe : une robe de velours rouge pourpre qui glissait doucement jusqu'à ses pieds.

Après avoir embrassé mon grand-père avec affection, elle nous a fait asseoir dans le salon sur un canapé confortable et croiser les jambes, comme une vraie dame, et elle m'a dit : « Enfin j'ai le plaisir de te rencontrer chère Luna, ton grand-père m'a tellement parlé de toi qu'il semble que je t'ai toujours connue. Il est si fier et je pense qu'il ne ment pas ! »

Mon grand-père s'est tourné vers moi avec un clin d'œil amusé.

Il m'a fait un câlin et est parti.

« Eh bien, enfin le soleil, veux-tu commencer ? » m'a-t-elle dit, accordant immédiatement mon violon.

« Oh professeure, j'en ai tellement envie que je ne pourrais pas attendre une minute de plus », ai-je répondu avec enthousiasme.

« Chère Luna, appelle-moi Margit », suggéra-t-elle.

« Comme ton nom est spécial, vraiment original ! »

« Je suis hongroise, mais je vis ici en Italie depuis de très nombreuses années maintenant, et je sens que ce sera ma maison pendant longtemps. L'Italie est le berceau de la musique de qualité et comment ne pas l'aimer ? » a-t-elle déclaré.

Pendant que Margit me racontait un peu sa vie et comment elle avait rencontré mon grand-père, j'observais attentivement les meubles de sa maison. C'était magnifique, avec une attention aux détails, une petite villa embrassée par un jardin fleuri. L'intérieur de la maison était bien rangé et sentait bon. Il y avait tellement d'objets en cristal dans le salon, un long canapé en velours vert, des rideaux de soie blanche qui glissaient sur le parquet, des murs recouverts de peintures magnifiques. Et enfin, une élégante vitrine de cristal contenant de l'argenterie et un service d'assiettes en porcelaine au bord doré.

Dans un coin du salon, au-dessus d'une table en marbre raffinée, de nombreuses photos encadrées.

Je me suis concentrée en particulier sur une photo : c'était elle, plusieurs années auparavant, assise près d'une fontaine, à côté se trouvait ma grand-mère et j'étais une petite fille dans les bras de mon grand-père. J'ai été émue par cette photo. Je pensais que le destin m'avait peut-être ramenée à elle, et que le lien était toujours le même : l'amour pour la musique.

Ma première leçon avec Margit a eu l'effet d'une rafale de vent, entre le solfège et les positions des mains avec l'archet. J'ai tout de suite compris que le violon était un instrument très difficile à apprendre et peut-être que cela m'avait fascinée quand j'ai choisi d'en jouer.

Margit m'a immédiatement donné beaucoup d'exercices de solfège à faire à la maison et n'a fait aucune mention de ma prédisposition possible à la musique. Avant de me dire au revoir, elle m'a fait écouter une petite chanson. Elle ouvrit un étui et sortit son violon : il était fait d'un bois légèrement vieilli, il semblait que les stries étaient des petites rides d'un charmant vieil homme et j'ai tout de suite compris qu'elle l'aimait profondément. Elle posa délicatement son menton sur le violon et se mit à jouer. J'ai fermé les yeux et tout semblait voler au-dessus du plafond, on aurait dit que les notes sortaient de la pièce, au-dessus du ciel, plus haut que les nuages.

Elle a terminé la partition, m'a souri et a immédiatement placé le violon dans son étui comme si elle avait peur de l'abîmer.

« Oh Margit, tu es très talentueuse, mon cœur bat toujours d'émotion », ai-je complimenté.

« Travaille dur Luna, étudie, travaille dur, essaie de t'occuper des détails et tu verras qu'un jour, tu seras le maître de l'instrument, tu es le capitaine, pas lui », m'a-t-elle conseillée en me caressant les cheveux.

Grand-père était là-bas, dans le jardin, sentant curieusement des roses en attendant. En me voyant sortir, il m'a dit : « Es-tu toujours déterminée à prendre des leçons ? »

« J'ai hâte d'être à demain pour pouvoir continuer », ai-je répondu rapidement.

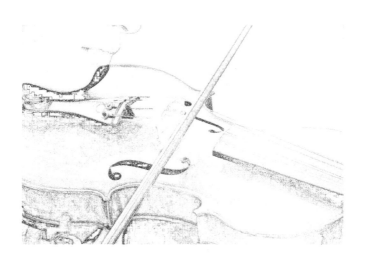

Pendant les cours de violon, Margit était assez stricte et exigeante. Au fil des mois, les leçons sont devenues de plus en plus intenses et complexes. Elle avait une approche presque militariste : mes jours étaient rythmés en fonction du violon, immédiatement après l'école. Ils étaient réglés comme le cadran d'une horloge : école et cours de violon. Combien de sacrifices, et quel dévouement pour pouvoir étudier, approfondir, m'améliorer.

On prenait les cours dans le salon, il y avait toujours une belle lumière dans cette pièce. Le soleil, à ces heures-ci, pénétrait par les fenêtres et frappait les cristaux comme une flèche, donnant naissance à de merveilleux arcs-en-ciel qui apportaient immédiatement de la joie. « Es-tu prête ma chérie ? D'abord, nous commençons par les exercices d'échauffement, un peu de solfège et enfin la sonate n°5 en fa majeur », m'a-t-elle dit.

« Luna, souviens-toi, le bras suit toujours l'archet. Laisse-toi emporter par la musique, imagine-toi danser, libre, seule au centre de la pièce », me suggéra-t-elle.

À la fin de la leçon, j'étais tellement fatiguée que mes mains brûlaient comme des torches. Quand je suis rentrée à la maison, j'étais épuisée, mais satisfaite parce que j'ai toujours donné le meilleur de moi-même.

Le printemps est passé, jusqu'à l'hiver, puis un autre printemps et un autre hiver froid.

Sans que je m'en rende compte, depuis la première rencontre avec Margit, deux ans s'étaient écoulés.

Ce jour-là, c'était la veille de Noël. À la maison, j'avais laissé ma mère qui commençait à confectionner des bonbons et d'autres délices, prête à mettre la table de Noël. Je ne voulais pas rater une seule leçon, même pendant les vacances de Noël. Alors j'ai traversé le jardin enneigé de Margit, serrant fermement l'étui à violon dans ma main, elle m'a ouvert avec son sourire habituel et je suis entrée. J'étais agitée et quand elle m'a entendu jouer,

Margit est restée silencieuse en me regardant droit dans les yeux.

C'était la première fois qu'elle ne s'exprimait pas, c'était généralement toujours une vraie pipelette. À la fin de la leçon, elle me donnait des corrections et des conseils. Elle m'a fait m'asseoir sur le canapé, m'a servi une tasse de thé chaud et une part de tarte aux cerises noires. Après quelques gorgées, elle m'a dit : « Luna, tu as cultivé ton talent avec joie et détermination, je suis fière de toi, tu es prête à aller au conservatoire ».

Mon cœur battait aussi fort qu'une horloge et je me suis jetée sur elle en la tenant dans une longue et affectueuse étreinte.

Nous sommes restées comme ça, serrées, pendant un moment.

J'ai couru à la maison, j'avais hâte de le dire à mes amies. Je les avais un peu négligées ces derniers temps et j'étais sûre qu'elles seraient fières de moi de connaitre ces nouvelles au sujet du conservatoire.

Je les ai invitées à la maison cet après-midi-là, et elles sont arrivées à l'heure.

La cloche a sonné et j'ai ouvert grand la porte avec un sourire éblouissant : « Oh comme c'est agréable de vous revoir mes amies. Comme vous m'avez manqué. Mais aujourd'hui, je suis toute à vous. J'ai terminé ma leçon et nous pouvons profiter d'un long après-midi ensemble », me suis-je exclamée joyeusement.

Elles n'ont fait aucun commentaire, ma gaieté n'avait pas été contagieuse. Au contraire, ça m'avait fait rebondir comme une balle de tennis contre un mur. J'étais un peu contrariée mais je faisais semblant de rien.

Je n'avais pas beaucoup d'amis mais ils étaient mes meilleurs amis. Nous nous connaissions pratiquement depuis toujours et nous avions toujours été unis et affectueux.

Sofia, Anna, Giulia et Sabrina étaient assises dans la cuisine avec un air un peu lointain et indifférent. J'avais fait un gâteau à la vanille pour elles et, pendant que je coupais les parts, j'ai commencé à raconter tout ce que j'avais fait au cours de ces derniers mois et les objectifs que j'avais atteints. J'étais très bavarde, et pendant que je parlais et gesticulais, je les regardais. Elles étaient belles et ne bronchaient pas.

Mais j'avais le sentiment que c'était comme si je les voyais pour la première fois. À ce moment-là, j'ai réalisé que peut-être quelque chose s'était cassé entre nous. Elles n'ont pas prononcé un seul mot, mais j'ai pu voir qu'elles échangeaient des regards étranges.

Alors j'ai arrêté. « Hé, oh ? Sur quelle planète êtes-vous ? Vous m'écoutez ? »

« Luna, tu disparais pendant trois mois sans nous donner de nouvelles de toi. Tu nous appelles, tu parles pendant une demi-heure et tu t'attends à ce que nous t'accueillions à bras ouverts ? » me dit Giulia, déplaçant ses cheveux de son cou avec un air en colère.

« Tu es si différente de nous, tu portes des vêtements avec des couleurs si ternes que tu passes inaperçue », a ajouté Sofia en fronçant les sourcils.

« Et ces cheveux, si hirsutes que tu ne peux même pas en dire la couleur », a souligné Anna.

« Tu veux nous parler de ta passion ? Le violon, avec ce son si strident que j'en ai mal aux oreilles, et puis la musique classique est trop rétro à mon goût », a conclu Sabrina.

« Je pense que nous n'avons aucun point commun, continue à jouer ma chère Luna. Et puis, en y réfléchissant, tu es parfaitement adaptée à ce nom, tu es si pâle, tu as l'air malade », dit Giulia, exaspérée.

« Allez les filles, allons-y, il y a un beau soleil dehors. Ah et merci pour le gâteau », a déclaré Anna.

Elles m'ont laissée assise sur le tabouret de la cuisine, sans voix.

Quand j'ai entendu la porte de la maison se fermer, j'ai fondu en larmes. Des larmes coulaient sur mon visage jusqu'à ce que ma peau brûle.

Je n'aurais jamais imaginé que mes amies pourraient me montrer un mépris total. Nous nous étions choisies, elles savaient tout de moi, elles étaient comme ma famille.

Elles avaient jugé et méprisé mes choix et ma passion. Je me sentais dépouillée de ma personnalité. Jugée et frappée, au plus profond du cœur.

Et donc, entre larmes et sanglots, je me suis endormie, épuisée sur le canapé.

Quelques semaines ont passé et aucune de mes amies n'est venue me voir pour s'excuser. J'ai donc décidé de les affronter.

Quand nous sortions ensemble, nous nous rencontrions toujours à dix-huit heures sur la place, alors je me suis présentée à ce moment-là et je les ai attendues juste là, près de la fontaine. Elles étaient stupéfaites de me voir, immobiles comme des statues.

« Je m'appelle Luna, je ne m'habille pas à la mode, je ne prends pas soin de mes cheveux, j'aime la musique, et quand je joue, j'ai l'impression de voler, tout en haut, au-dessus des nuages.

J'avais quatre amies que j'adorais et que je n'ai jamais jugées et blessées. Je ne connaissais pas le mépris, une arme très puissante qui juge et frappe au point de vous faire sentir mal. Vous l'avez utilisé sur moi, en tant qu'archers, vous avez tiré votre flèche jusqu'à ce qu'elle me frappe. Eh bien, je vous pardonne. Mais c'est moi, avec mes défauts et mes qualités, si cela ne vous convient pas, cela signifie que vous ne connaissez pas la valeur de l'amitié ».

Sofia, Anna, Giulia et Sabrina se sont regardées et ont fondu en larmes, portant leurs mains à leurs yeux.

Elles pleuraient fort, presque sans respirer, et j'étais là, immobile, debout à ma place, à les attendre.

Elles ont couru vers moi et m'ont serrée dans leurs bras, si forts qu'on pouvait percevoir le cœur de chacune battre.

Il n'y avait pas besoin d'autres mots : ces câlins forts étaient leurs excuses.

Le mépris est un sentiment qui discrédite, dévalorise et brise l'estime d'une personne.

C'est une arme si puissante qu'elle peut vraiment blesser, elle peut blesser et frapper injustement. Mépriser signifie aussi ne pas écouter les autres, rendant ainsi tout plus aride.

Pourtant, il ne faudrait pas grand-chose pour ne pas l'alimenter. Il suffirait d'arrêter. Et de découvrir qu'au-delà du bout de notre nez, il peut y avoir des gens différents de nous : en apparence, en caractère, en passion. Et cela, précisément à cause de ces différences, mérite d'être salué.

Parce qu'après tout, la diversité nous rend libres.

Giorgio ouvrit les yeux, c'était déjà le matin. Le soleil venait de

jeter un coup d'œil dans le ciel, caché entre deux nuages.

C'était la veille de Noël et tout le monde dormait encore à la maison, il y avait un silence céleste. Sous la couette chaude, c'était vraiment bien... mais Giorgio ne voulait plus traîner.

Alors, après un grand bâillement, il s'est étiré comme un chat, a déplacé les couvertures d'un côté du lit, a mis ses pieds sur le sol et a immédiatement enfilé une robe de chambre chaude. Oncle Mario, le frère de sa mère, le lui avait donné.

Giorgio aimait beaucoup son oncle, il était un héros pour lui. Pour le travail, il avait déménagé en Amérique et les vacances de Noël étaient très attendues car il pouvait enfin l'embrasser à nouveau.

Il s'approcha de la fenêtre et vit immédiatement que le froid avait embué toute la vitre. Il sourit, et avec son doigt écrivit : « Noël magique », encadrant la phrase avec un grand cœur.

Giorgio était l'aîné de deux frères. Son petit frère s'appelait Riccardo, un bambin de seulement dix mois, et Giorgio était le grand de la maison. Il est né le jour de Noël, le 25 décembre, il y a sept ans, et chaque année, à son anniversaire, son oncle bien-aimé ne manquait jamais.

Giorgio a toujours attendu les vacances, c'était un moment magique, avoir la famille réunie.

Ce matin-là, il s'est réveillé avec une grande faim. Il a fait un joli nœud à sa robe de chambre et est descendu sans faire trop de bruit en bas, dans la cuisine. La maison était toute décorée, pleine de lumières scintillantes, même dans la cuisine, il y avait des lumières et des guirlandes et il était impossible de ne pas sentir l'air de Noël dans la maison. Sa mère aimait Noël et a commencé à décorer les chambres dès la fin du mois de novembre. Ils ont pris ensemble l'arbre, les décorations et les lumières colorées et tous ensemble, ils ont participé à la mise en place de la maison pour la fête.

Pour Giorgio, le meilleur moment était le matin, quand tous ensemble s'asseyaient autour de la table pour prendre le petit-déjeuner. Pendant les jours de fête, ce moment était particulier et durait plus longtemps que d'ordinaire. Maman et papa étaient de vrais gloutons, maman cuisinait toujours des beignets avec le trou parfait tandis que papa préparait du café avec une mousse si douce qu'elle ressemblait à un nuage.

Giorgio se frotta les mains. Heureux et amusé d'être le premier à se réveiller, il a décidé de faire une surprise au réveil de la famille : un gâteau à la poire et au chocolat, vraiment exquis, délicieux.

Il était à l'aise en cuisine, un chef pâtissier habile. Comme il était un petit cuisinier, sa grand-mère l'a immédiatement mis dans la cuisine pour préparer ses recettes ensemble, gardées dans l'agenda en cuir brun que son grand-père lui avait donné tant d'années auparavant. Mais pour ce gâteau, Giorgio n'avait pas besoin d'aide, il connaissait la recette en détail.

Tous les ingrédients étaient soigneusement disposés sur le comptoir de la cuisine, pesés en fonction des poids indiqués par la recette. Il a tout mis dans le mélangeur et pendant que le robot culinaire remuait et montait, Giorgio décorait la table avec une belle nappe rouge. Pour son père, sa tasse de café, et pour sa mère, sa grande tasse de thé. Pour Riccardo, son biberon. Au centre de la table, deux bougies parfumées à l'odeur de vanille.

Il préparait tout très bien dans la cuisine et a commencé à fredonner et à siffler des chansons de Noël tout en cuisant le gâteau. Et juste au moment où tout était presque prêt, les pas du père et de la mère ont été entendus, accompagnés du rire de Riccardo.

« Hey les lève-tard, ne bougez pas, attendez un instant, fermez les yeux et à mon signal, venez à la cuisine, il y a une surprise qui vous attend », dit Giorgio, tout festif.

« D'accord, les yeux fermés ! » répondit ses parents, encore somnolents.

Giorgio a placé le gâteau sur un plateau très élégant au centre de la table, a versé du café dans la tasse de son père pleine de mousse comme il en avait l'habitude, du thé chaud pour maman et du lait dans le biberon pour son petit frère. Il a mis la musique et, voilà, tout était parfait.

« Êtes-vous toujours là ? Alors un, deux, trois, venez à la cuisine et ouvrez les yeux », dit Giorgio, tout excité.

Ses parents étaient stupéfaits. Ils n'avaient jamais vu une si belle table, Giorgio avait vraiment fait une belle surprise.

Sa mère s'est approchée de lui et lui a donné un baiser sur le front, puis a mis Riccardo sur le siège et s'est assise en croisant le regard heureux et excité de son père. Les lumières colorées, la table de fête, le parfum du gâteau qui planait dans toute la maison, les chansons de Noël et sa famille. Rien ne manquait vraiment, Noël était enfin arrivé.

Giorgio, avant de plonger ses mains dans le gâteau, ferma les yeux, il avait deux souhaits à exprimer et dit : « Oh esprit magique de Noël, que la neige vienne et que les grands-parents et l'oncle frappent bientôt à la porte de la maison ».

Giorgio croyait beaucoup à l'esprit magique de Noël et se tournait toujours vers lui quand il voulait que son souhait se réalise.

Il a dit à tout le monde qu'une nuit, il l'avait même aperçu, juste à côté de son lit. C'était un elfe tout habillé de vert, il avait une ceinture qui s'enroulait autour de sa taille et il portait des chaussures pointues avec des pompons tout étincelants. Il n'avait jamais pu lui parler, il a dit qu'il était insaisissable. Mais jusqu'à présent, l'esprit ne l'avait jamais déçu. Il était toujours satisfait, c'est pourquoi il le considérait comme un ami fidèle.

Et alors qu'il trempa une part de gâteau dans sa tasse de lait fumant, il vit de la fenêtre la neige commencer à tomber du ciel en flocons. Il a sauté de sa chaise, a marché par-dessus la fenêtre, et tous excités ont dit : « Oh esprit de Noël, tu étais si rapide ! » Et chuchotant doucement, il continua : « Maintenant, il ne manque qu'un seul souhait ! »

Tout pourpre de joie intense, il a recommencé à manger et à fredonner.

Mais cet air magique et enchanté de lumières scintillantes et de musique de Noël a été brusquement interrompu par la sonnerie du téléphone.

La mère de Giorgio se leva élégamment de sa chaise et se dirigea dans le couloir pour répondre à l'appel.

Giorgio n'a pas remarqué ce que sa mère a dit en parlant au téléphone, il avait l'intention de jouer avec son petit frère. Maman, peu de temps après, est arrivée dans la cuisine, le visage assombri et avec un air légèrement sérieux. L'enfant a sauté autour de son cou et a dit : « Maman, que se passe-t-il ? Je connais ce visage et il n'apporte pas de bonnes nouvelles, n'est-ce pas ? »

Maman s'est doucement approchée du bébé, a touché ses cheveux et a dit : « Mon amour, c'était grand-père au téléphone. Il est avec ton oncle, il m'a dit qu'ils étaient à l'aéroport mais qu'il y a beaucoup de neige à Turin et qu'ils sont coincés, peut-être qu'ils ne pourront pas arriver pour aujourd'hui ».

George regarda sa mère, jeta un autre regard à la fenêtre, ferma les yeux et éclata en sanglots.

Ses larmes coulaient comme une fontaine. Maintenant, tout autour de lui, toute la magie de Noël avait disparu. Il était si triste qu'il a immédiatement éteint la musique, est allé dans le salon et a enlevé toutes les prises de lumière scintillantes. Il regarda la neige qui ne cessait de tomber et eut immédiatement une pression dans le ventre, il se sentit coupable d'avoir fait ce vœu. Peut-être que s'il n'avait pas exprimé ce souhait, ses grands-parents et son oncle seraient déjà là. Son cœur a commencé à battre sauvagement, il a rapidement monté les escaliers menant à l'étage, s'est glissé sous les couvertures, recroquevillé comme un chaton et a pleuré. Il a pleuré toutes les larmes du monde.

Et soupirant, il pensa : « Comme j'étais stupide de croire qu'il puisse y avoir un elfe qui réalise tous les rêves des enfants, et s'il n'existe pas, il n'y a même pas l'esprit de Noël ».

Giorgio se blottit longtemps dans son lit. Puis, à un moment donné, il a entendu frapper à la porte et après avoir reniflé a dit : « Je veux être seul, s'il vous plaît, n'entrez pas ».

« C'est maman, ouvre mon chéri, laisse-moi entrer ».

La voix chaleureuse de la mère a convaincu l'enfant. Giorgio sortit du lit et ouvrit. Maman avait entre les mains une grande boîte et un sourire qui illuminait soudainement toute la pièce.

« Maman, je suis tellement triste, j'ai vraiment besoin de nos câlins ! » dit George en essuyant ses larmes.

Et alors, ils se sont embrassés étroitement. Les bras de sa mère l'enveloppaient, l'odeur de sa peau était le calmant le plus puissant pour Giorgio.

« Mon amour, ne sois pas triste, tes grands-parents et ton oncle viendront, tu verras. Mais maintenant, jouons à un jeu, cette boîte que je t'ai apportée est vide et doit être remplie », dit doucement la mère.

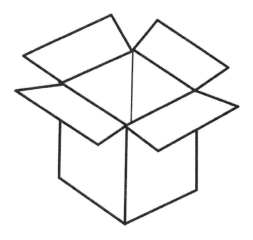

« Remplie? Avec quoi ? » répondit l'enfant, perplexe.

« Remplie de toutes les émotions que tu peux ressentir quand tu es avec eux », a proposé maman.

« Maman, sais-tu que je vais déjà mieux ? Tu as eu une belle idée ! » dit l'enfant, nouant sa robe de chambre encore plus fort.

Il est immédiatement sorti du lit, est allé au salon et s'est mis au travail.

Des photos, des lettres, des cartes postales et un énorme carton coloré. Et donc, après avoir bricolé, collé et colorié, Giorgio a appelé sa mère : « Maman, ce sont les photos souvenirs, nous sommes tous ici et quand je les regarde, je suis heureux. Ce sont les lettres que nous échangeons avec les grands-parents, j'aime toujours les lire. Ça, ce sont les cartes postales que mon oncle m'envoie toujours de New York. Quand le facteur me les donne, je suis si heureux que j'éclate de joie, et maintenant voici mon cadeau pour eux, l'attachons-nous à la porte d'entrée, maman ? Ce sera la première chose qu'ils verront quand ils entreront », a déclaré Giorgio en sautant de joie, agitant son affiche colorée.

« Tu as fait un excellent travail Giorgio, tu as réussi à exprimer tes émotions, à transformer la tristesse en bonheur. Maintenant, nous mettons tout à l'intérieur de cette boîte, nous l'appellerons « le recueil de la joie ». Chaque fois que tu es triste et qu'ils te manquent, nous l'ouvrirons et toutes ces belles émotions sortiront, de sorte que tu te sentes immédiatement mieux », a déclaré la mère, satisfaite.

L'affiche colorée attachée à la porte était la carte de visite du bonheur. Giorgio avait fait un beau dessin et il y avait toute la famille, avec ses grands-parents et son oncle bien-aimé.

La veille de Noël passa ainsi, entre un dessin, un ballet et un savoureux dîner. La neige a continué à tomber à gros flocons et Giorgio l'a observée avec moins de tristesse qu'auparavant. Après avoir lu son livre préféré, il est allé se coucher. Il s'était calmé, cela avait été une journée pleine d'émotions, et fatigué, il s'était endormi.

Quand il ouvrit les yeux, il s'étira et prononça un très long bâillement. Il est immédiatement sorti du lit, s'est approché de la fenêtre et a vu que la neige n'avait pas cessé de tomber. Et juste au moment où la tristesse monta, il entendit la porte frapper en bas. Il enfila précipitamment sa robe de chambre, un joli nœud serré et courut dans les escaliers. Son cœur battait fort, il a ouvert la porte et...

« Joyeux Noël ! Meilleurs vœux ! On l'a fait ! » ont déclaré les grands-parents en l'embrassant fermement.

« Grands-parents ! Oh comme je suis heureux, vous avez réussi à arriver le jour de mon anniversaire mais... où est mon oncle ? » demanda timidement Giorgio.

« Champion ?! » a déclaré son oncle, surgissant derrière la veste de son grand-père.

« Oh comme je suis heureux, je suis si content que j'ai l'impression de rêver », a déclaré Giorgio, serrant fermement son oncle bien-aimé dans ses bras.

Giorgio a fait asseoir tout le monde dans le salon et était très fier de son travail. Il a donc montré à tout le monde le recueil de joie et son affiche colorée. Ainsi, la magie de Noël est revenue planer dans toute la maison.

Giorgio s'approcha de la fenêtre, vit les flocons de neige qui ne cessaient de tomber et ferma les yeux en s'exprimant doucement : « Oh esprit de Noël, alors tu existes, tout est vrai. Tu as tenu ta promesse, tu as ramené les lumières scintillantes dans le cœur de tout le monde. Je suis désolé de ne pas t'avoir cru, cela ne se reproduira plus jamais ».

« Giorgio le petit déjeuner est prêt ! » s'entendit-il appelé.

Alors il est allé à la cuisine, en sautant de joie dans tous les sens.

La tristesse obscurcit nos yeux et met un voile sur nos cœurs. Nous ne ressentons plus rien, seulement notre blessure. Et donc nous fuyons cette émotion, nous en avons même peur et nous voulons être seuls avec notre mécontentement.

Je vous donne quelques conseils.

Cette émotion doit aussi être accueillie et vécue intensément. Cela devrait être reconnu comme un outil qui peut nous faire comprendre comment nous sommes et nous aider à grandir et à devenir plus forts qu'avant. Seuls le courage et la volonté sont des armes puissantes pour briser toute difficulté. Et donc, quand il arrive, embrassons-le, accueillons-le, et après un bon cri, séchons nos larmes, sourions et remettons-nous sur la bonne voie. Tout passe, et tout peut recommencer. Tout peut renaître.

Mon paradis blanc et bleu – La Surprise

Le navire était plein de monde, nous ressemblions à des sardines dans des boîtes de conserve. La mer était orageuse et les vagues nous jetaient ici et là, comme des pommes dans un panier.

Cette nuit-là, le bateau ne semblait être éclairé que par la lune. Un peu froid, j'étais recroquevillé dans un coin, sur le pont, près de ma mère qui me caressait tendrement le visage. J'ai levé le nez vers le haut et j'ai vu un ciel plein d'étoiles, cela ressemblait à un tapis lumineux. J'avais une multitude de désirs à exprimer. J'ai fermé les yeux, j'ai senti mon cœur battre comme un tambour et j'ai choisi mon vœu le plus important. J'espérais que tôt ou tard ce souhait se réaliserait.

Maman, ce matin-là, avait été très douée pour ne rien nous faire porter. Mais j'étais le plus grand, et je connaissais déjà la fin : les valises devaient contenir tous nos souvenirs. Nous avons dû quitter la terre qui nous avait semés, accueillis, nourris et déjà abandonnés depuis un moment.

Nous étions cinq dans la maison, et avec mon lapin Big, six. Nous vivions dans une petite ville de Tunisie, elle s'appelait Sidi Bou Said, à quelques kilomètres de la capitale. Mon village était mon paradis, je le nommais « le paradis blanc et bleu ». Toutes les maisons ont été construites en chaux blanche et bleue. Quand le soleil s'est lentement couché pour faire de la place à la soirée, je suis monté au promontoire. Je me suis assis sur une corniche en pierre en sirotant du thé à la menthe et en grignotant des pignons de pin, et j'ai été fasciné par la vue enchanteresse. Les maisons, d'en haut, formaient une étendue bleue et blanche, et avec le ciel bleu et les nuages bien alignés, cela ressemblait à un chef-d'œuvre d'artiste. Une image merveilleuse.

Mes parents travaillaient dans le village, dans une usine qui produisait de l'huile d'olive. Le travail était dur et fatigant, mais cela en valait la peine. Nous vivions dans une petite maison, elle était si petite que nous devions mettre nos chaussures sur les fenêtres car l'espace de la maison ne pouvait contenir qu'un placard.

Nous, les enfants, sommes allés à l'école, une grande école.

La matinée a été la période la plus mouvementée de la journée : maman et papa se sont levés tôt pour aller travailler. Maman a préparé la table et l'a mise pour le petit-déjeuner du lendemain. Il suffisait de chauffer le lait et d'y tremper le gâteau de dattes et de pommes qu'elle préparait le dimanche. On m'a confié la tâche de nourrir Big. J'ai rempli son bol de lait et de salade et la litière était toujours bien nettoyée, puis j'ai dû habiller mes petits frères et nous sommes allés tous ensemble à l'arrêt de bus pour l'école.

En fin d'après-midi, alors que la journée touchait à sa fin, maman nous a tous mis dans la baignoire et nous a lavés avec une brosse. Nous étions serrés mais les rires que nous avions resteront dans mes oreilles et dans mon cœur pour toujours. Le dîner était toujours servi à vingt heures : un repas chaud les soirs d'hiver et un plat frugal en été. Puis tout le monde au lit. Mes frères et moi dormions dans un grand Letton, en changeant tour à tour de rôle pour nous tourner d'un côté plutôt que de l'autre. Nous étions très coordonnés.

J'avais tellement d'amis là-bas. Et comme cela se produit dans tous les petits pays qui se respectent, tout le monde connaissait tout le monde. Cette vie n'était pas si extraordinaire, c'était simple mais beau. Quand je sortais avec mes amis, en haut et en bas des escaliers en pierre blanche sans fin, on pouvait entendre les pas d'un groupe d'enfants excités et astucieux. Les personnes âgées du village étaient assises à l'extérieur de leurs maisons, sirotant un café sur les chaises sculptées de bois et de paille, bavardant joyeusement et appréciant notre remue-ménage bruyant.

Les jours passaient lentement et sereinement. Chaque jour n'était pas la copie de l'autre, car notre imagination donnait des ailes à chaque nouvelle aventure. Quelle joie de courir à travers les ruelles étroites et longues du village. En les traversant, j'ai glissé ma main sur le mur blanc, il était lisse et ressemblait à un ruban de soie blanche.

Ceux qui vivent dans ce village se sentent protégés et choyés, enfermés dans un enclos doré. Mais, au fur et à mesure qu'elle grandissait, cette clôture devenait progressivement plus étroite, la magie s'échappait, comme de l'eau jetée dans un seau à travers ces escaliers blancs et bleus.

La lune était arrivée ce soir-là, ronde, bien pleine, si belle et brillante que vous en perdiez votre souffle. Tous mes frères étaient au lit pendant que moi, assis sur le bord de la fenêtre, les jambes pendantes, regardais la lune s'illuminer et m'envoûter : « Oh lune, tu es si belle que tu as kidnappé même mon sommeil, parle-moi, qu'est-ce que tu me caches ? » dis-je doucement.

Et la lune m'a répondu. Ce soir-là, sous un ciel plein d'étoiles, j'ai entendu ma mère et mon père se disputer de manière animée.

Je ne comprenais pas tout ce qu'ils disaient, mais j'ai été frappé par une phrase que mon père a dite et qui m'a figé : « Nous devons partir d'ici le plus tôt possible, le plus tôt possible ». Cette nuit-là, je l'ai passée complètement vide. La simple pensée de devoir quitter mon paradis blanc et bleu m'attriste énormément. Et donc, j'ai explosé dans un cri, qui a continué en sanglots. Quelques lunes de plus sont passées et nos valises, alignées près de la porte d'entrée, étaient prêtes.

Avant de quitter le village, je voulais dire au revoir à mes amis. Tout le monde était là, assis sur le mur du promontoire, près de la place principale. Nous nous sommes salués avec un câlin serré qui nous a coupé le souffle.

« En haut, au loin, je ne veux pas voir ces visages tristes, ce n'est pas un adieu, c'est juste un au revoir. L'Italie est géniale mais ce n'est pas si loin. Nous nous reverrons bientôt, voire très bientôt ! » les ai-je réconfortés.

« Rami, promets-nous que tu ne nous oublieras pas, promets-moi que tu ne m'oublieras pas, promets-moi que tu n'oublieras jamais notre village », dit mon amie Halima, en sanglotant.

Je lui ai fait un sourire et puis je me suis immédiatement retourné, des larmes ont coulé sur mon visage et je ne voulais pas que mes amis me voient comme ça. J'ai commencé à courir aussi vite que je le pouvais, de toutes mes forces. Je suis rentré à la maison, j'ai regardé ma mère et j'ai pris mes sacs. Elle m'a touché le visage, m'a chuchoté à l'oreille et m'a dit : « Nous allons y arriver, nous sommes une équipe ! » Nous avons chargé nos valises dans l'autocar et sommes partis. Direction le port de Tunis.

Le bateau est arrivé avec deux heures de retard, ce soir-là il faisait vraiment froid et nous n'étions pas si équipés. Mon père, pour économiser de l'argent, a réservé tous les sièges sur le pont et nous avons donc formé un petit cercle où nous avons placé les valises au centre.

Il y avait beaucoup de gens sur le navire avec tant de rêves à réaliser dans leurs poches.

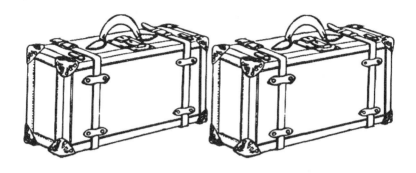

Dans mon coin, à côté de ma mère, j'ai repensé à mes amis, à ce qu'il me restait, à toutes les merveilleuses aventures que mon village m'avait données. Et ainsi, portant ma main sur mon cœur, ces souvenirs inoubliables ont été enfermés ensemble. Personne n'aurait pu me les retirer.

L'Italie. Ici, je la vois, elle ressemble à une autre mer, elle ressemble à un autre soleil : il fait chaud, c'est lumineux et enveloppant.

Dans la famille, nous connaissions tous déjà la langue italienne. Ma mère était passionnée d'opéra et à la maison, tous les jours, elle nous obligeait à écouter toutes les chansons et les opéras. Soudain, alors que j'étais embrassé par ces souvenirs, toujours appuyé sur le bord du navire, j'ai été forcé de sauter à terre de peur. Le bateau sifflait fort, nous étions arrivés à Palerme. Notre nouvelle maison, notre nouvelle vie. J'ai levé les yeux au-dessus du navire et j'ai vu l'harmonie du ciel, de la mer, de la terre, tout me semblait en parfait équilibre. J'ai regardé mes frères un peu effrayés, j'ai caressé mon lapin Big et je me suis senti apaisé par toute cette beauté. Nous nous sommes précipités à nos valises et nous nous sommes alignés main dans la main depuis le pont. Un vieux monsieur nous attendait : il portait des lunettes extravagantes, une pipe dans la bouche et une tenue flamboyante.

« Bienvenue à Palerme, la ville des parfums », nous a-t-il dit en nous serrant la main en signe de salutation.

Nous sommes montés dans une camionnette blanche, elle était longue et étroite. Après avoir envoyé tant de CV, papa avait obtenu un poste dans l'entreprise de ce monsieur bizarre. Ce n'était que pour quelques mois, mais en attendant, il chercherait autre chose.

Nous sommes arrivés dans une ferme majestueuse, tout était blanc et entouré d'orangers et de figuiers de barbarie. C'était magnifique. Le vieux monsieur a laissé ma mère et nous, les enfants, dans l'un des différents appartements de la ferme, et il a continué avec mon père pour le présenter à ses collègues de l'entreprise.

Mon père était un très bon agriculteur, en Tunisie il n'avait jamais réussi à émerger mais la passion pour la nature coulait dans son sang comme une rivière en crue. Ma mère était sûre que l'Italie l'apprécierait et le récompenserait. L'homme nous a accueillis en nous faisant un clin d'œil. Il ne savait pas encore quel rôle papa jouerait dans l'entreprise, mais quoi qu'il fasse, nous en serions tous fiers.

Maman a placé ses valises dans le grand appartement aux murs blancs. J'ai glissé ma main sur le mur, fermé les yeux et ai ressenti la même sensation de soie douce, la même que mon paradis blanc et bleu, et je me suis exclamé : « Maman, je suis sûr que tout ira bien, cela peut aussi devenir notre paradis ! »

Maman m'a souri et a commencé à ranger la maison.

Nous, les enfants, sommes sortis et avons commencé à explorer la ferme. C'était un peu en dehors de la ville mais c'était magnifique, il y avait tellement de verdure : forêts de pins, arbres fruitiers et autres petites maisons d'artisan. Ensuite, il y avait l'écurie, la grange et un immense hangar où papa travaillait.

Ils ont passé plusieurs longs mois dans cette belle ferme. Nous avons très peu vu notre père. Nous, les enfants, sommes allés à l'école en ville et maman avait réussi à trouver un petit emploi dans une blanchisserie. Nous ne manquions de rien. Nous avons marché tôt le matin à travers la ferme, avec le même pas et avec un air amusé. Et nous avons vu le monsieur avec les lunettes extravagantes parler à mon père à travers les champs, il semblait l'avoir pris à part.

Un soir, alors que maman était sur le point de nous mettre au lit, nous avons entendu la porte de la maison s'ouvrir en grand. Il y avait papa, avec une bouteille de vin à la main et un sourire qui promettait de bonnes nouvelles.

Maman l'a regardé, il l'a serrée dans ses bras et lui a dit : « Es-tu prête à voler haut ? J'ai travaillé dur pendant tous ces mois, sans jamais baisser les bras, et maintenant j'ai enfin été récompensé. J'ai repris l'entreprise, et je ferai ce que j'ai toujours aimé faire dans la vie, cultiver. Avec ces mains, je vais caresser la terre, la semer et créer la vie ».

J'étais stupéfait, la bouche ouverte et les jambes tremblantes. Je pleurais ! Je n'aurais jamais imaginé une telle surprise.

Ma mère, de bonheur, s'est glissée dans le canapé, perdue et stupéfaite.

En un instant, tous nos sacrifices étaient déjà derrière nous. Loin, très loin de nous. Mon père avait été très ingénieux à ce moment-là, il avait travaillé dur, et le vieux monsieur voulait lui être reconnaissant en le récompensant comme il le méritait. D'autre part, même pour le vieil homme, le temps était venu pour un repos bien mérité et il était heureux de donner sa terre à un travailleur honnête et bon.

Ce soir-là, nous avons profité et mangé jusqu'à ce que nous éclations. Je suis allé à la forêt de pins, et là, c'était ma lune, belle et élégante. Je l'ai regardée et j'ai dit : « Je devais te faire confiance, je devais faire confiance aux paroles de mon père, maintenant tout est aussi calme que mon cœur ».

Ainsi, je me suis senti à nouveau chez moi. Dans un paradis extraordinaire et magnifique.

La surprise est une émotion soudaine, elle arrive aussi vite qu'une vague et s'en va tout aussi rapidement. C'est une expression neutre parce qu'elle n'est ni positive ni négative, mais elle est très importante parce qu'elle éveille notre curiosité sur une situation nouvelle et inconnue. Lorsque nous sommes saisis par surprise, nous sommes stupéfaits et même un peu perplexes, parfois nous sommes suivis immédiatement après par d'autres émotions plus fortes telles que la colère ou la joie.

Mon conseil n'est pas de se laisser submerger par la surprise, mais de l'affronter avec fermeté et plénitude. Les nouvelles situations sont toujours des événements soudains et inattendus. Très souvent, nous ne savons pas comment les gérer au mieux, au début nous nous sentons perdus mais le temps est l'outil qui vient à notre aide. S'arrêter, penser, évaluer puis agir en fonction de nos besoins, tout en respectant nos objectifs.

ÉPILOGUE

Depuis que je suis enfant, j'ai toujours été fasciné et intrigué par la nature des émotions. Elles sont comme des facteurs ponctuels qui nous donnent des messages importants pour nous faire comprendre comment nous sommes, qui nous sommes, ce qui peut nous blesser et ce qui peut nous faire du bien.

La rencontre entre l'esprit et l'âme donne vie aux émotions. Un voyage fascinant, qui aide à apprendre à nous connaître et à nous améliorer pour nous aimer encore plus.

Avez-vous déjà demandé aux enfants comment les émotions

sont faites ?

Je les imagine comme un arc-en-ciel : une arche lumineuse avec une succession de couleurs distinctes et différentes qui, ensemble, créent une explosion de magie.

Chaque émotion a sa propre identité, un sens profond et intime. Et chacune se présente avec son propre langage, une couleur, un son, une musique, un parfum. Les émotions nous disent exactement ce que nous ressentons et pensons, au moment précis où nous les vivons.

Chaque émotion apporte aussi avec elle un besoin, celui de se manifester : dans sa vérité et sa simplicité. Et c'est précisément pour cette raison qu'aucune émotion n'est fausse ou déplacée. Parce que lorsque vous ressentez une émotion, vous n'avez pas de filtres ou de masques, les émotions viennent libres, sincères, affranchies et naturelles, comme une cascade d'eau. Elles sont une loupe sur notre cœur, alors apprenons à les vivre sans freins, laissez-vous submerger et lâchez-vous.

En traversant l'arc-en-ciel de nos émotions, nous avons l'occasion de nous découvrir nous-mêmes, notre fragilité, notre force. Mais aussi le courage, la douleur, la passion, nous allons respirer la vie.

J'ai écrit ce livre en m'inspirant des recherches menées par les deux experts en mimétisme facial Paul Ekman et Wallans V. Friesen. En 1972, leurs études menées sur différentes populations ont permis d'identifier les émotions primaires au nombre de sept, à savoir :

- ✓ Bonheur

- ✓ Colère

- ✓ Dégoût

- ✓ Peur

- ✓ Mépris

- ✓ Tristesse

- ✓ Surprise

Sur les personnes observées par les deux psychologues, la dynamique des micro-expressions faciales a montré que chaque émotion se manifestait par une contraction et une relaxation des muscles du visage. Et aussi que toutes les émotions se sont manifestées de la même manière sur l'échantillon choisi par les deux savants. Ils n'ont pas remarqué de différences par rapport à l'origine du public en termes d'ethnie, de couleur, de nation ou de religion.

Le résultat de ces études m'a fait réfléchir. Nos réactions aux émotions peuvent être similaires, mais les façons dont chacun de nous les vit sont extraordinairement différentes. Et puis, n'attendons plus, libérons nos émotions. Vivons-les.

À travers l'arc-en-ciel des émotions, les protagonistes des sept histoires ont réussi à se connaître plus profondément, à se redécouvrir, à s'aimer davantage. À révéler leur talent, leur courage, la force qui est en eux, le désir de se présenter au monde tels qu'ils sont, dans leur vérité et dans leur imperfection.

Et ils ont tous transmis un message précis : celui de vivre pleinement chaque émotion, car cela peut nous aider à nous améliorer, à grandir, à développer notre intelligence émotionnelle. Cela nous permet de vivre pleinement notre vie et de prendre soin des relations avec le monde extérieur.

Le fil conducteur qui a uni ces histoires est la beauté. La beauté des émotions qui nous fait nous sentir simplement vivants. Alors, qu'attendez-vous ? Lâchez-vous, ouvrez grand vos bras vers le ciel, respirez profondément et laissez-vous emporter par vos émotions. Sans freins, sans gêne, sans aucune peur de ressentir.

Vous êtes Simplement Parfait comme vous êtes !

Printed by Amazon Italia Logistica S.r.l.
Torrazza Piemonte (TO), Italy

50611513R00087